# POGBA

MATT ET TOM OLDFIELD

LES SUPERSTARS
DU FOOT

# POGBA

*Traduction de l'anglais (Royaume-Uni)*
*par Roberto Larcos*

Albin Michel Jeunesse

Titre original :
ULTIMATE FOOTBALL HEROES: POGBA
(Première publication : John Blake Publishing, un label de Kings Road Publishing Limited, 2017)

22, rue Huyghens, 75014 Paris
www.albin-michel.fr

*Pour Noah et tous les Oldfield à venir.*
*Au plaisir de lire ce livre ensemble.*

# LES SUPERSTARS DU FOOT

Matt Oldfield est un écrivain confirmé,
ainsi que le rédacteur en chef du site de critique littéraire
sur le thème du football *Of Pitch & Page.*
Tom Oldfield est un journaliste sportif indépendant,
et l'auteur de biographies de Cristiano Ronaldo,
Arsène Wenger et Rafael Nadal.

Illustration de couverture réalisée par Alain Siauve.

## CHAPITRE 1

# #POGBACK

– Aujourd'hui, défaite interdite, lance José Mourinho, l'entraîneur de Manchester United, à ses joueurs.

Ce soir, ils affrontent le club de Leicester City, champion en titre de Premier League, à domicile.

– J'attends des cadres de l'équipe qu'ils prennent leurs responsabilités, ajoute-t-il.

Paul sait qu'il est l'un des cadres dont parle Mourinho. Son transfert chez les « Diables rouges[1] » pour un montant record de 105 millions d'euros, a été la sensation de l'été 2016. Le hashtag #PogBack s'est répandu massivement sur les réseaux sociaux. Des milliers de fans ont

1. *Les joueurs de Manchester sont surnommés Red Devils ou « Diables rouges ».*

acheté son maillot et reproduit en ligne ses célébrations et ses coupes de cheveux extravagantes.

Après avoir quitté Manchester United pour la Juventus à tout juste dix-huit ans, Paul est de retour quatre ans plus tard. Entre-temps, le joueur français, quadruple champion d'Italie, est devenu une superstar internationale. Paul va devoir répondre aux attentes très élevées du club ! Depuis le départ à la retraite de Paul Scholes, Manchester United cherche un milieu de terrain expérimenté capable de tacler, de dribbler et de tirer : exactement le profil de Paul ! Un savant mélange de Patrick Vieira, de Zinédine Zidane et de Ronaldinho. Tout le monde espère qu'il rapportera de nombreux trophées à Old Trafford. En tout cas, c'est l'objectif que s'est fixé Mourinho en prenant la direction de l'équipe.

Mais après un excellent début de saison contre Southampton, United perd deux matchs d'affilée, contre Manchester City, puis contre Watford. Les critiques pleuvent au sujet de Paul. Est-il vraiment aussi bon qu'on le dit ? Pourquoi ne distribue-t-il pas mieux le jeu ?

Pourquoi n'a-t-il toujours pas marqué de buts? Pourquoi Manchester United a-t-il payé aussi cher pour un tel joueur?

– Ne les écoute pas, lui dit sa mère, Yeo.

Elle joue un rôle très important dans la vie de Paul. Elle lui apporte toujours son soutien quand il en a le plus besoin.

– On sait tous que tu es le meilleur! l'encourage-t-elle.

En Premier League, le jeu est beaucoup plus rapide et physique qu'en Serie A. Paul a besoin de se familiariser avec ce nouvel environnement et cette nouvelle équipe. Malheureusement, le temps presse. Les supporters de Manchester United veulent des résultats, et ils les veulent maintenant.

– Le club a dépensé beaucoup d'argent pour recruter tous ces super joueurs, disent-ils. On doit absolument être champions cette saison!

*Je vais leur montrer de quoi je suis capable*, se dit Paul en entrant sur la pelouse d'Old Trafford.

Il est très excité par l'ambiance phénoménale qui règne dans le stade. C'est vraiment le « Théâtre des

Rêves » comme le surnomment les supporters. Paul est d'un naturel plutôt détendu, même quand la pression est à son maximum. Il croit en son talent et il est déterminé à gagner. Aujourd'hui, pas de fantaisies, ses cheveux ne sont pas teints en blond comme à l'ordinaire ; Paul n'est pas là pour plaisanter.

Dès le coup d'envoi, il propulse son équipe vers l'avant avec ses passes rapides et ses appels. Les joueurs de Manchester United prennent vite l'avantage grâce à une tête de Chris Smalling. Leicester ne peut tout simplement rien faire face au rythme imposé par Jesse Lingard, Marcus Rashford et, surtout, Paul. C'est lui, le chef d'orchestre.

Alors qu'il progresse dans la moitié de terrain adverse, il trouve Zlatan Ibrahimović, qui amortit de la poitrine, et d'une reprise de volée spectaculaire, catapulte le ballon juste au-dessus de la barre transversale.

– Ça aurait été le plus beau but de tous les temps ! dit Paul avec un large sourire.

Il prend vraiment du plaisir à jouer.

Plus tard, alors que Paul reçoit la balle sur la gauche, il n'a qu'une idée en tête : tirer. Il se faufile dans la moitié de terrain adverse et envoie un boulet de canon vers le but.

*Booooooooooooooom !*

Le gardien est battu, mais, malheureusement, la frappe heurte le poteau.

– Presque ! se lamente Paul. La prochaine fois, c'est la bonne.

Juan Mata dribble et passe à Paul, qui, en une touche, dévie le ballon vers Jesse Lingard, qui la remet dans la course de Juan. Celui-ci tire et marque au terme d'un superbe mouvement collectif.

– Quelle action incroyable ! crie Marcus Rashford pendant qu'ils célèbrent tous ensemble.

Les Mancuniens sont en feu et, trois minutes plus tard, Marcus Rashford porte la marque à 3-0. Juste avant la mi-temps, Daley Blind centre dans la surface de réparation. Paul utilise sa puissance et sa taille pour devancer son défenseur et dévier le ballon de la tête dans le coin opposé.

*Buuuuuuuuuuuuuuuuuuuuuuuuuuuuuuuuuuuu uuuuuuuuuuuuuuuuuuuuut !!!*

Paul vient de marquer son premier but avec Manchester United. Quelle sensation incroyable ! Les supporters s'attendent à le voir faire un dab, comme à son habitude, mais au lieu de cela, Paul lève les mains au ciel et pousse un soupir de soulagement. Lui, la jeune recrue, commence enfin à faire mentir ceux qui doutent de lui.

– Félicitations, c'est le premier d'une longue série ! dit Jesse Lingard en serrant son coéquipier dans ses bras.

C'est pour ce genre de matchs que Mourinho a cassé sa tirelire. Ce jour-là, chaque fois que Paul a eu le ballon, ça a été magique et excitant. Les supporters de Manchester United n'ont cessé de l'applaudir, espérant un second but. Paul est l'âme de cette équipe, comme l'espérait Mourinho.

– Voilà qui est mieux ! lui glisse le manager au coup de sifflet final. Tu es un joueur de classe mondiale et tu l'as montré aujourd'hui.

Paul est satisfait de sa prestation. Il a rapporté les trois points de la victoire. Il est revenu à Old Trafford pour remporter les plus grands trophées : la Premier League, la FA Cup et surtout la Ligue des champions. Chaque succès le rapproche de ses objectifs.

– Oui, mais je peux faire encore mieux, répond Paul, sûr de lui.

Il cherche toujours à s'améliorer. Tout ce qu'il sait, il l'a appris des meilleurs – Patrick Vieira, Zinédine Zidane, Paul Scholes et Andrea Pirlo –, et il continue de se perfectionner. Des stars comme Zlatan Ibrahimović et Wayne Rooney ont beaucoup d'expérience et de conseils à partager. Paul est prêt à tout pour devenir le plus grand milieu de terrain au monde.

Que de chemin parcouru depuis la cité de la Renardière à Roissy-en-Brie ! Et pourtant, Paul est toujours resté le même. Enfant, il était curieux, compétitif, doué, unique, mais surtout c'était un véritable meneur avec un mental de gagnant.

## CHAPITRE 2

# LA RENARDIÈRE

– Je veux jouer ! crie Paul en tirant Mathias par la manche. Allez ! C'est mon tour !

Cela fait des heures que Paul regarde les jumeaux jouer au ping-pong, et il commence sérieusement à s'ennuyer. Il pleut à verse et il déteste rester assis. Il n'y a rien d'amusant à faire à côté des tables de tennis de table. Ce qu'il veut, lui, c'est courir dans le parc, mais ses frères préfèrent s'abriter.

Comme Mathias fait mine de l'ignorer, Paul lui donne un coup de pied et tire sur le t-shirt de Florentin. Les jumeaux savent pourtant qu'ils doivent s'occuper de leur jeune frère. Paul a trois ans et ses frères, 5 ans, mais le petit dernier veut déjà tout faire comme eux. Il les suit partout, comme une ombre.

– D'accord, montre-nous ce dont tu es capable, dit Florentin en lui tendant sa raquette.

Mathias sert et la balle file avant que Paul ait eu le temps de réagir. Il l'a à peine vue passer. Deuxième chance. Mathias frappe encore plus fort. Cette fois, Paul l'aperçoit, mais il ne parvient toujours pas à faire le moindre geste.

– Allez, vas-y doucement avec lui ! dit Florentin en riant. Ce n'est qu'un bébé. Donne-lui sa chance.

Cette fois, la balle est beaucoup plus lente. Paul se concentre et la smashe ! Elle rebondit sur le rebord de la table et touche le sol sans que Mathias ne puisse la renvoyer. Point pour Paul ! Son frère n'est pas très content.

– Chanceux ! Où as-tu appris à faire ça ? demande Mathias.

Paul hausse les épaules – il observe ses frères depuis des heures ! Et effectivement, plus le temps passe, et plus il s'améliore. Il s'autorise même à se moquer de ses frères. Paul a un don pour le sport et ça se voit ! Heureusement pour Mathias et Florentin, leur calvaire prend fin lorsque la voix de Yeo, leur mère, leur parvient depuis l'étage.

– Les garçons, il est temps de rentrer à la maison maintenant !

D'ordinaire, lorsqu'ils jouent au football avec les autres enfants du quartier, Yeo doit les appeler six ou sept fois avant qu'ils lui répondent.

– On marquait un dernier but ! lancent-ils comme excuse tandis qu'ils se lavent les mains avant de passer à table.

Mais cette fois, ils sont venus tout de suite. Elle entend leurs pas marteler les nombreuses marches qui mènent à leur appartement.

La cité de la Renardière à Roissy-en-Brie n'est peut-être pas le plus bel endroit où vivre, mais ce n'est pas le pire. Yeo a conscience de la chance qu'elle a d'être entourée d'une communauté très soudée. La plupart des familles viennent d'Afrique (Guinée, Sénégal ou Mali) et partagent ainsi une culture et des valeurs communes.

Mathias, Florentin et Paul ont beaucoup d'amis avec qui jouer, et tant qu'ils restent dans les environs, Yeo sait qu'ils sont en sécurité.

– Salut, maman, qu'est-ce qu'on mange ? demande Mathias en ouvrant la porte avant de se vautrer sur le canapé.

Soudain, le petit appartement s'anime. Yeo préfère quand ils reviennent du foot, car ils sont toujours plus fatigués, et surtout… silencieux !

– Du poulet, avec du riz et des haricots, répond-elle.

Yeo a beau travailler dur, elle trouve toujours le temps de cuisiner des plats sains et équilibrés pour ses garçons.

– Encore ? se plaint Florentin en roulant des yeux, mais Yeo est trop occupée à remplir leurs assiettes pour lui prêter attention.

– Qu'est-ce que vous avez fait aujourd'hui ? les interroge-t-elle tandis qu'ils s'asseyent à la table.

– On a joué au ping-pong et j'ai gagné ! se vante Paul avec un large sourire.

– Non, ce n'est pas vrai ! crient les jumeaux d'une seule voix.

Florentin donne une tape à son jeune frère derrière la tête.

– Bon, d'accord, j'ai presque gagné, continue Paul avec un sourire malicieux.

*L'important, c'est qu'ils s'amusent tous ensemble,* se dit Yeo.

– J'espère qu'il ne pleuvra plus demain, dit Mathias, la bouche pleine. On a un match de foot à terminer et mon équipe est tellement meilleure que celle de Florentin !

Florentin n'est pas du tout d'accord.

– N'importe quoi, on a que deux buts de retard, c'est nous qui allons gagner ! se défend-il.

Ces trois-là passent leur temps à se chamailler, c'est comme ça tous les soirs chez les Pogba. Yeo aime ce joyeux tapage.

– Est-ce que je pourrai venir avec vous demain ? demande Paul.

Cette fois, ses frères restent silencieux. Chaque semaine, c'est la même question, et chaque semaine, la même réponse : non. Le problème, c'est que Paul est encore trop petit pour jouer avec les grands, mais malheureusement trop doué pour s'amuser avec ceux de son âge. Il frappe déjà très fort et ce n'est pas très intéressant pour lui de passer sa journée à dribbler tout le monde. Ce qu'il veut, c'est des adversaires à sa taille.

– Je te promets que quand tu auras quatre ans, tu pourras venir avec nous, dit Florentin.

– Tu parles. Il va se faire mal et ensuite, il ira pleurnicher, dit Mathias.

Paul lui lance un regard noir. Il n'est pas d'humeur à plaisanter. Il est suffisamment costaud et courageux pour se joindre à eux. Il n'a aucun doute là-dessus.

– Quelqu'un veut de la glace ? demande Yeo.

Soudain, comme par enchantement, le calme revient dans l'appartement. Yeo sait comment gérer ses fils. Ce sont de bons garçons, mais parfois, elle doit sévir. C'est important de leur inculquer la discipline, pour qu'ils ne fassent pas de bêtises plus tard quand ils seront adolescents.

– À qui le tour de m'aider à faire la vaisselle ? annonce Yeo en se levant de table.

Mathias désigne Paul, qui désigne Florentin, qui désigne Mathias. Yeo éclate de rire.

– Eh bien, je crois qu'on va la faire tous ensemble alors !

## CHAPITRE 3

# LA « POGFAMILLE »

Alors qu'il suit le match depuis la ligne de touche, Antoine ne peut s'empêcher de sourire. Il a l'habitude de regarder Mathias et Florentin jouer à la Renardière, mais c'est la première fois qu'il voit son fils cadet en action. Paul n'a que quatre ans, mais il se démène comme un beau diable face à des adversaires plus vieux. Les jumeaux n'ont même pas besoin de venir l'aider, il se débrouille tout seul. Sa technique est très bonne pour quelqu'un de son âge. Il est vraiment doué.

– Il sera encore meilleur que ses aînés! conclut Antoine fièrement.

Antoine a vécu en Guinée. À l'époque, il était un très bon footballeur, mais à son arrivée en France à trente ans, il a eu des difficultés à retrouver un club. Il a continué à jouer pour le plaisir, mais avec le temps, les blessures se sont multipliées. Lorsque ses fils sont nés, il a mis sa carrière entre parenthèses, tout en espérant qu'ils prennent un jour le relais.

– Vous serez les superstars que j'aurais voulu être, leur avait-il confié un jour.

Antoine et Yeo se sont séparés quand Paul n'avait que deux ans, mais il est resté vivre dans les environs. Chaque fois que les garçons passent le week-end chez lui, il les emmène au Parc des Princes voir le Paris Saint-Germain. Ils regardent aussi les matchs à la télévision quand l'OM, l'équipe favorite de Paul, joue. Antoine encourage toujours ses fils à suivre attentivement le jeu.

– Vous avez vu ce geste technique ? dit-il en pointant l'écran du doigt.

Si c'est un match enregistré, il revient en arrière pour leur montrer à nouveau.

– Si vous voulez devenir les meilleurs, vous devez sans cesse apprendre de nouvelles choses. Vous ne devez jamais vous reposer sur vos acquis !

À la fin du match, Paul va saluer son père.

– Bien joué, fils ! dit Antoine, en le serrant dans ses bras.

Paul a des petites égratignures sur les jambes, mais il a un encore plus grand sourire sur son visage.

– Ils sont peut-être plus costauds, mais je suis beaucoup plus doué, dit-il fièrement à son père.

Antoine hoche la tête – la confiance en soi, c'est important.

– Maintenant, tu dois apprendre à lever les yeux pour faire de belles passes, dit-il. Dribbler, c'est sympa, mais ce n'est pas toujours la meilleure chose à faire. Parfois, tu dois prendre le temps de regarder où sont tes partenaires. Le foot, c'est avant tout un jeu d'équipe.

Paul écoute attentivement – il veut progresser et son père en connaît un rayon sur le foot. Mais il est encore très jeune et il aime vraiment dribbler et faire des gestes techniques. C'est tellement plus cool que de faire des passes, même si ça lui cause parfois des ennuis. Les grands n'apprécient pas qu'un gamin les humilie, et souvent, ils se vengent en lui donnant des coups sur les chevilles ou en le faisant tomber. Parfois, Paul rentre chez lui en pleurant, mais il retourne toujours jouer le lendemain. Il doit s'endurcir s'il veut devenir une superstar.

Chaque fois qu'il le peut, Antoine donne de nouveaux conseils à Paul. Si Paul plaisante avec ses amis ou s'il ne court pas assez, Antoine crie « Concentre-toi un peu ! » et, d'un coup, Paul accélère pour récupérer la balle. Grâce à son père, il s'améliore jour après jour.

Une fois, Paul voit son père donner des conseils aux garçons de l'autre équipe et ça le perturbe un peu.

– Pourquoi est-ce que tu aides Mamadou ? demande Paul. C'est moi que tu dois conseiller !

Antoine rit.

– Je suis en train de t'aider ! Si tu veux devenir le meilleur, tu dois sans cesse chercher de nouveaux défis. C'est trop facile pour toi là, alors j'essaie de te rendre la tâche un peu plus difficile.

Face à Mamadou, Paul tente de se démarquer. Mais son vis-à-vis le suit à la trace et connaît tous les tours de Paul. Sans espace, il ne parvient plus à mettre des buts et chaque fois qu'il perd le ballon, ses coéquipiers lui font des remarques.

– Passe le ballon !

– Arrête de frimer !

Paul est de plus en plus frustré et il se tourne vers son père pour obtenir de l'aide. Mais Antoine reste silencieux – il veut que son fils cadet se débrouille tout seul.

Sur l'action suivante, Paul contrôle et, en une touche de balle, enchaîne sur une passe courte avant de faire un appel dans la profondeur. Mamadou est pris de vitesse. Quand il récupère le ballon, Paul retrouve l'espace dont il a besoin. Mais au lieu de tirer ou de dribbler, il cherche un partenaire isolé. Il a vraiment le jeu en tête maintenant. Moussa fait une belle course sur l'aile gauche et Paul lui glisse une passe parfaite derrière la défense pour qu'il aille marquer. Ses précédents ratés sont oubliés, et les voilà qui célèbrent leur superbe but. Sur le côté, Antoine applaudit et sourit.

*Il apprend vite!* pense-t-il. Mathias et Florentin sont plus forts et plus rapides, mais ils prennent toujours leur petit frère dans leur équipe. Florentin à l'arrière, Paul au milieu et Mathias en attaque, c'est un trio de choc !

– Tu crois que tu peux battre la Pogfamille ? plaisantent-ils avant le début du match.

Mais en réalité, c'est impossible. Ils sont invincibles. Ils ont tous un surnom dans la famille : Yeo, c'est « Mamso », Mathias « Le Dos », Florentin « Ya'Flo », et Paul « La Pioche ».

Paul adore ce petit nom. Bien sûr, ils se disputent de temps en temps, mais ils aiment tellement jouer ensemble.

– Un jour, on sera tous des footballeurs professionnels, leur dit Paul, et on sera tous dans la même équipe. Imaginez tous les trophées qu'on pourrait gagner !

CHAPITRE 4

# LA COUPE DU MONDE 98

On ne parle que de ça à la Renardière, et partout ailleurs aussi. La France peut-elle vraiment battre le Brésil et remporter la finale de la Coupe du monde ?

Après avoir terminé premiers de leur groupe et dominé le Paraguay, l'Italie et la Croatie, les Français sont maintenant à quatre-vingt-dix minutes du bonheur.

Les Bleus n'ont jamais gagné la Coupe du monde jusqu'ici, mais aujourd'hui, ça pourrait bien être le grand soir.

– Avec Youri Djorkaeff et Zinédine Zidane, argumente Mathias, on peut battre n'importe qui !

– Mais le Brésil a Ronaldo, répond Florentin. C'est le meilleur joueur du monde. Rivaldo le met toujours dans de bonnes positions et on dirait qu'il marque des buts aussi facilement qu'il respire !

– Oui, mais on a une super défense, dit Mathias en comptant les stars sur ses doigts. Fabien Barthez, Lilian Thuram, Bixente Lizarazu, Laurent Blanc et Marcel Desailly. On n'a encaissé que deux buts en six matchs. On peut vraiment stopper Ronaldo et Rivaldo.

Paul ne connaît pas les joueurs aussi bien que ses frères, mais il adore regarder les matchs à la télévision. En plus, cette année, c'est un peu spécial. La compétition se déroule en France et, en plus de ça, les Bleus s'en sortent très bien. L'équipe compte des super champions et beaucoup d'entre eux ont des racines en Afrique, comme les Pogba. Marcel Desailly est né au Ghana, Patrick Vieira au Sénégal et les parents de Zidane sont algériens.

– Ça pourrait être nous dans douze ans. On pourrait jouer pour la France à la Coupe du monde 2010 ! suggère Paul en s'asseyant pour regarder la finale.

Il n'aura que dix-sept ans en 2010, mais il y croit vraiment.

Paul a la chair de poule en voyant les joueurs courir sur la pelouse du stade de France. Ils sont là, à une heure de train à peine de chez eux. Les deux tiers des tribunes sont en bleu, blanc, rouge, les couleurs de la France, et un tiers en vert et jaune pour le Brésil.

– Vous imaginez l'ambiance ? dit Mathias. J'aimerais tellement y être.

Après les hymnes nationaux, c'est l'heure du coup d'envoi.

– Allez la France ! crient les frères Pogba.

Dès la première minute, Zidane est le meilleur joueur sur le terrain. Le meneur de la Juventus est un véritable magicien et Paul ne le quitte pas des yeux. Il aime la façon dont Zidane s'adapte à toutes les situations : courir avec le ballon ou, au contraire, libérer la balle. Et puis, il a l'air si calme, comme s'il avait tout son temps.

– J'espère qu'ils vont marquer ! dit Florentin, plus nerveux que jamais. Stéphane Guivarc'h vient tout juste de manquer une bonne occasion. Qu'est-ce qu'il a Ronaldo ? Il n'a pas l'air dangereux du tout.

Au milieu de la première mi-temps, Petit frappe le premier corner pour l'équipe de France. Zidane court vers le premier poteau et d'une tête puissante et décroisée ouvre le score. Le stade de France est en ébullition et le salon des Pogba aussi.

– Quel but !

– Zizou est incroyable !

– Il peut TOUT faire !

Alors que la première mi-temps touche à sa fin, la France obtient un nouveau corner. Djorkaeff le tire et encore une fois, Zidane, de la tête, trompe la vigilance du gardien. 2-0 pour la France !

– Deux pour Zizou ! crie Paul en faisant tourner son maillot au-dessus de sa tête en guise de célébration.

– Les Brésiliens sont fichus, elle est pour nous cette Coupe du monde ! leur dit Florentin avec un grand sourire.

Et il a raison. Dans le temps additionnel, Petit marque même un troisième but.

*Et un, et deux, et trois-zéro !*

C'est la fête en France. Au coup de sifflet final, les frères Pogba se congratulent comme les joueurs sur le terrain.

*On est les champions, on est les champions, on est, on est, on est les champions!*

– C'est le plus beau match que j'aie jamais vu ! lance Paul alors que les joueurs montent à la tribune pour récupérer leurs médailles et la coupe.

Il n'oubliera jamais cette finale et surtout pas l'homme du match : Zidane. Pendant quatre-vingt-dix minutes, il a été partout sur le terrain. Tacler en défense, courir vers l'avant avec le ballon, se créer des occasions et marquer des buts. Voilà tout ce qu'un grand champion doit savoir faire.

Zizou est le milieu de terrain parfait. Il est exactement le genre de joueur que Paul espère devenir. Il veut être une légende, participer à toutes les plus grandes finales et gagner tous les plus beaux trophées. Grâce à Zidane et à tous les internationaux de l'équipe de France, Paul est plus que jamais motivé pour progresser. Un jour, c'est lui qui inspirera la nouvelle génération de petits Français. C'est son rêve.

– J'ai tellement hâte de jouer au foot demain ! dit-il à ses frères, alors qu'ils se joignent aux autres habitants de la Renardière venus fêter la victoire dans la rue.

# CHAPITRE 5

# L'US ROISSY

– Je pense que tu es prêt, dit Antoine en récupérant Paul après un autre match à la Renardière.

Ses amis et lui viennent d'écraser leurs adversaires et Paul était clairement au-dessus du lot. Ça a l'air si facile pour lui.

*Trop facile même*, se dit Antoine.

– Prêt pour quoi ? demande Paul.

– Prêt pour l'US Roissy ! répond Antoine tandis que Paul lève joyeusement le poing au ciel.

Du haut de la tour où ils habitent, Paul peut voir le stade Paul Bessuard, où joue l'US Roissy-en-Brie. Ce n'est pas le stade de France, mais le terrain est grand, et le gazon bien lisse. Il y a même une tribune pour les supporters, et c'est à seulement cinq minutes à pied. Mathias et Florentin sont déjà inscrits là-bas, et Paul a hâte de pouvoir les rejoindre. C'est tout ce dont il a besoin pour s'améliorer.

– Super, quand est-ce que je commence ? demande-t-il avec impatience.

– La semaine prochaine ! répond son père.

– Bienvenue à l'US Roissy, dit Aziz Keftouna en serrant la main de Paul et en lui donnant le maillot rouge du club.

L'entraîneur des jeunes a l'air très sympathique, mais Paul sait grâce à ses frères que le règlement est très strict. Il doit bien se comporter et se montrer respectueux. Les choses sérieuses commencent.

Keftouna observe son nouveau joueur à l'échauffement, et il est impressionné. Paul est déjà plus grand que la plupart des autres garçons et, en plus, il est très rapide et habile des deux pieds.

*Il est doué, c'est sûr, mais est-ce qu'il a le mental suffisant ?* s'interroge Keftouna.

Les bons joueurs ne manquent pas dans la région, mais la plupart ne sont pas vraiment motivés. La plupart se prennent déjà pour des superstars. Ils n'apprécient pas que Keftouna les remette à leur place et les poussent dans leurs retranchements. Il ne veut que des bosseurs dans son équipe.

Keftouna a entraîné les frères de Paul et il sait donc que les Pogba ont le foot dans le sang. Leur père, Antoine, leur a inculqué le bon état d'esprit. Il assiste aux premiers pas de Paul depuis le bord du terrain. Tout va bien se passer.

Pendant le match, à la fin de l'entraînement, les longues jambes de Paul ne cessent jamais de bouger. Il veut impressionner son nouvel entraîneur. Chaque fois que son équipe perd le ballon, il fait tout son possible pour le récupérer. C'est un véritable loup affamé, et ses adversaires prennent peur lorsqu'ils le voient arriver. Alors qu'un de ses coéquipiers a le contrôle du ballon, il fait un appel dans l'espace, réceptionne la passe, ralentit et se met à réfléchir.

*Que ferait Zizou?* se demande-t-il. Et au lieu d'essayer de marquer un but incroyable, il préfère chercher à la donner. Keftouna n'a jamais vu une telle maturité chez un gamin de six ans.

– Bien joué ! dit-il, en donnant à Paul une grande tape dans le dos. Tu étais au top aujourd'hui. Mais est-ce tu peux faire ça à chaque match ?

Paul acquiesce avec un air confiant – il n'a aucun doute là-dessus.

Keftouna voit que Paul s'entend déjà très bien avec les autres garçons. Dès la fin de l'entraînement, il plaisante, chante et danse. Ils rient tous ensemble comme s'ils se connaissaient depuis des années.

– Que penses-tu de Paul ? demande Keftouna à Abdel, son capitaine, quand ils quittent le stade.

– Il est super fort et très drôle aussi, répond Abdel. Avec lui en milieu de terrain, on peut gagner le championnat !

Keftouna a un très bon feeling avec son nouveau joueur. Et en effet, au fil des entraînements, Paul progresse. Sa maîtrise du jeu redoutable au milieu de terrain permet à l'US Roissy de gagner match après match. Il n'est pas seulement habile, il sait aussi mettre son talent au service de l'équipe. Tout se passe donc pour le mieux, mais Keftouna est du genre à aimer les défis.

– Paul, je veux que tu fasses 150 jongles d'affilée, lui demande-t-il à la fin d'une séance d'entraînement.

– Facile ! répond Paul du tac au tac. Il passe ses journées à améliorer sa technique. Ça ne devrait pas être trop compliqué.

– Tu dois en faire cinquante du pied droit, cinquante du pied gauche et enfin cinquante avec la tête. Facile ou pas ?

Paul est piqué au vif, Keftouna le lit dans son regard, mais il sait aussi que son protégé fera tout pour réussir. Mais quand le garçon ne se présente pas aux deux entraînements suivants, il commence à s'inquiéter. Est-ce qu'il n'y serait pas allé un peu fort ?

– Quelqu'un a vu Paul ? demande Keftouna à ses joueurs, mais tout le monde secoue la tête.

Le troisième jour, Paul revient avec un ballon sous le bras et un grand sourire sur le visage.

– Coach, je suis prêt à relever le défi ! s'écrie-t-il.

Ses coéquipiers forment un cercle autour de lui et ils commencent à compter.

*1, 2, 3... 25, 26, 27... 48, 49, 50!*

Sans s'arrêter, Paul fait rebondir le ballon sur son pied gauche.

*1, 2, 3... 25, 26, 27... 48, 49, 50!*

À la cinquantième, Paul lève habilement le ballon en hauteur et commence à jongler avec la tête.

*1, 2, 3... 25, 26, 27...*

Il fait comme si c'était trop facile pour lui. On dirait presque que la balle est collée à sa tête. Ses coéquipiers comptent de plus en plus fort.

*40, 41, 42, 43, 44, 45, 46, 47, 48, 49, 50!!!*

Alors qu'il termine, Paul hausse les épaules et lance le ballon bien haut dans les airs.

– Hey doucement les gars ! dit-il alors que ses coéquipiers s'agglutinent autour de lui pour le féliciter.

– Je vais devoir trouver d'autres défis à ta hauteur, rit Keftouna.

Ce gamin a vraiment du talent à revendre.

CHAPITRE 6

# L'EURO 2000

– Je pensais vraiment qu'on allait gagner, dit Paul, l'air déçu.

Les frères Pogba sont devant leur poste de télévision pour assister à la finale de l'Euro 2000, qui oppose la France à l'Italie. Il ne reste que dix minutes à jouer, et le score est de 1 à 0 pour la Squadra Azzurra. La France ne réussira pas le doublé après sa victoire lors de la Coupe du monde 1998…

– Les Italiens défendent très bien, gémit Florentin. Fabio Cannavaro, Alessandro Nesta et Paolo Maldini sont les meilleurs au monde – impossible de les passer !

Les Français font tout ce qu'ils peuvent pour égaliser. Zidane, Henry, Wiltord et Trezeguet sont tous sur le terrain, mais le temps presse. Soudain, dans les dernières secondes des arrêts de jeu, Wiltord récupère le ballon sur le côté gauche. La défense italienne semble au ralenti, et le voilà qui en profite pour placer un tir astucieux. Ce n'est pas sa plus jolie frappe, mais la balle glisse sous le gardien et termine sa course dans les filets.

– Oui ! crie Paul en sautant du canapé. Il ne nous reste plus qu'à marquer le but en or maintenant !

Cette règle, introduite en 1998 et retirée en 2004, dit que la première équipe à prendre l'avantage dans les prolongations remporte le match. Ce qui rend les choses encore plus excitantes, ou injustes, selon le côté duquel on se trouve.

– Allez, les Bleus ! crie Mathias en direction de l'écran.

Juste avant la fin de la première mi-temps de la prolongation, Robert Pirès déborde sur l'aile gauche et dribble trois défenseurs avant de centrer dans la surface en direction de Trezeguet. C'est l'occasion que toute la France attend. Doit-il contrôler le ballon ? Non, deux adversaires l'entourent. Il doit faire vite. Trezeguet frappe de toutes ses forces et catapulte le cuir sous la barre.

– Quel but ! hurle Paul tandis que les frères Pogba se mettent à danser dans le salon.

Sur le terrain, les joueurs français se tiennent par la main et courent vers la tribune pour célébrer la victoire avec leurs fans. Paul aime cette équipe de France, tout particulièrement ses milieux. C'est l'équilibre parfait entre l'intelligence de Didier Deschamps, la force de Patrick Vieira et l'adresse de Zinédine Zidane. Un vrai trio gagnant. Chaque fois qu'il les regarde évoluer, Paul a l'impression d'apprendre de nouvelles choses.

– Je veux être les trois à la fois ! dit-il à ses frères. Mener comme Deschamps, récupérer le ballon comme Vieira et organiser le jeu comme Zidane.

Henry et Trezeguet sont les héros de Mathias, Florentin, lui, préfère Desailly.

Paul sera footballeur professionnel, il n'imagine pas son avenir autrement. Il travaille si dur qu'il est persuadé d'y arriver. En plus, il ne supporte pas de perdre. Chaque fois que l'US Roissy s'incline, Paul quitte le terrain en larmes.

– Ne t'inquiète pas, ce n'est qu'un match, le rassure Keftouna, en passant son bras autour de son épaule. Même le capitaine de l'équipe de France ne gagne pas tout le temps, tu sais. C'est tout simplement impossible, alors autant t'y habituer et apprendre à être un bon perdant.

– Je suis sûr que Zizou n'est pas un bon perdant ! réplique Paul visiblement en colère. Il veut gagner tous les matchs !

– Oui, mais il serre toujours la main de ses adversaires, même après une défaite. C'est aussi ça, le sport. Et il ne se précipite certainement pas en dehors du terrain pour bouder.

Paul rêve de devenir footballeur. Du fait de ses origines, Paul pourra jouer pour la Guinée ou la France quand il sera plus grand. Mais s'il est fier de ses racines africaines, c'est le maillot de la France qu'il veut porter ! Et puis, la Guinée n'a jamais atteint la finale de la Coupe du monde.

– Si tu es assez bon pour porter les couleurs de la France, alors tu devrais jouer pour la France, dit un jour Yeo à son plus jeune fils.

Il a beau n'avoir que sept ans, Paul est déjà bien meilleur que ses frères jumeaux. Tous ceux qui le voient la balle au pied trouvent qu'il a un talent particulier.

– Tu pourrais gagner beaucoup de trophées avec les Bleus, l'encourage-t-elle.

Paul hoche la tête avec enthousiasme – il veut tout gagner et suivre les traces de Zidane, Vieira et Deschamps.

CHAPITRE 7

# FOU DE FOOT

– Djibril Cissé, c'est le meilleur joueur, affirme Mamadou. Il est tellement rapide et il a toujours des coupes de cheveux trop cool.

– Et Juninho ? demande Habib, un fan de Lyon. Ses coups francs sont spectaculaires !

– Je préfère Pauleta, dit Nabil, fan de Bordeaux. C'est un super buteur.

– Je suis toujours fan de Sonny Anderson, ajoute Ounoussou. Je sais qu'il commence à être vieux, mais il est génial.

– Non, vous vous trompez tous, les interrompt Paul. C'est Ronaldinho, le meilleur !

Paul admire Zidane, mais son joueur préféré en Ligue 1 est le nouvel attaquant brésilien du Paris Saint-Germain,

Ronaldinho. Il donne le tournis aux défenseurs avec ses passements de jambe magiques. Et il a toujours un grand sourire sur le visage. C'est un véritable artiste, et Paul adore ça.

Paul est complètement fou de foot. Tous les matins à l'école, il s'assied en classe et compte les minutes jusqu'à l'heure du déjeuner. Pourquoi ? Parce qu'il pourra alors jouer au football. Tous les après-midi, il compte les minutes jusqu'à la fin des cours. Pourquoi ? Parce qu'il pourra alors jouer au football. Chaque soir, il rentre chez lui aussi vite que possible pour jouer avec ses amis. Ensuite, il file à l'entraînement à l'US Roissy, avant de revenir à la Renardière pour jouer jusqu'à ce qu'il fasse trop sombre et que Yeo l'appelle pour qu'il aille se coucher. Seules la promesse d'un repas et la peur de sa mère peuvent l'éloigner du ballon.

– Tu n'en as pas marre de taper tout le temps dans ce ballon ? lui demande Yeo un matin.

Paul est confus. C'est la question la plus stupide qu'il ait jamais entendue.

– Je ne vois pas ce que le foot peut avoir d'ennuyeux ! répond-il.

Et lorsqu'il ne joue pas, Paul en parle – avec ses coéquipiers de l'US Roissy, avec ses camarades de classe et avec ses frères à la maison. Quand leur mère se plaint qu'ils n'aient pas d'autre sujet de conversation, Paul prend un air surpris : « De quoi veux-tu qu'on discute ? »

Paul n'a que huit ans, mais quand son professeur lui demande ce qu'il veut faire plus tard, il répond plein d'assurance qu'il ne souhaite pas être médecin ni pompier, mais footballeur professionnel.

Très peu de jeunes peuvent espérer réussir au plus haut niveau, mais Paul ne cesse de progresser. Il croit très fort en lui-même et il est déterminé à atteindre le sommet. À l'US Roissy, il est le meneur, mais c'est avant tout un travail d'équipe. Les joueurs sont tous de très bons amis et ils s'entraident toujours sur le terrain.

Keftouna, leur entraîneur, sait exactement comment tirer le meilleur parti de Paul. Quand il dribble trop ou multiplie les passements de jambe, il le recadre.

– Je sais que tu te prends pour Ronaldinho, mais tu ne l'es pas, lui dit-il devant tous ses coéquipiers. Arrête de faire n'importe quoi et aide-nous plutôt à gagner ce match.

Si l'équipe perd ou fait match nul à la mi-temps, il prend sa star à part.

– On a besoin de toi là, lui glisse-t-il pendant que celui-ci se rafraîchit. Tu joues bien, mais je sais que tu peux faire beaucoup mieux. Tes partenaires comptent sur toi.

Avec le poids du match sur les épaules, Paul élève son niveau de jeu. Il ne veut pas décevoir ses meilleurs amis.

– Les garçons, j'ai une grande nouvelle à vous annoncer, dit un jour Keftouna à la fin d'une séance d'entraînement. Nous allons jouer… au stade de France !

Paul et ses amis n'en reviennent pas. Il y a seulement trois ans, ils assistaient tous devant leur télévision à la victoire de l'équipe de France en Coupe du monde dans ce même stade de France. Et aujourd'hui, ils s'apprêtent à jouer devant des milliers de personnes sur cette même pelouse !

– Félicitations, c'est une opportunité, dit Antoine, le père de Paul. Les experts seront nombreux dans les tribunes et ils chercheront la prochaine superstar.

Certains de ses coéquipiers n'arrivent pas à trouver le sommeil, la veille au soir, mais Paul est plus détendu que jamais. Il n'a jamais été nerveux – pourquoi le serait-il ? Il a la chance de pouvoir briller et de faire preuve de son talent devant le monde entier.

– C'est le plus beau jour de ma vie ! dit Paul à sa mère, alors qu'il quitte l'appartement pour se joindre au reste de l'équipe.

– Bonne chance ! lance Yeo en lui faisant signe depuis la porte.

Elle sait que son fils va assurer, comme toujours.

En descendant de l'autocar, le stade se dresse devant eux.

– On dirait un vaisseau spatial ! dit Nabil en regardant l'énorme structure en béton.

– Combien de personnes peuvent entrer dans le stade ? demande Mamadou, la bouche grande ouverte, complètement émerveillé.

– Quatre-vingt mille répond Keftouna, mais je doute qu'ils soient tous présents pour vous regarder !

– On ne sait jamais, plaisante Paul. On est plutôt bons !

Keftouna distribue aux joueurs de jolis maillots rouges Adidas conçus spécialement pour l'occasion, mais ils sont beaucoup trop larges. Paul est l'un des plus grands de l'équipe et lui aussi, il nage dedans.

– Je pense que c'est de l'extra-large, coach ! se plaint Ounoussou.

– Je dirais plutôt extra-extra-extra-extra-extra-extra-extra-large ! ajoute Habib. Tu peux en mettre trois comme moi là-dedans !

Tout le monde rit, mais Paul est déjà concentré sur son match. Qu'est-ce que ça fait de jouer sur un si grand terrain ? Il devra courir encore plus que d'habitude.

Après une rapide photo d'équipe, c'est le moment du coup d'envoi.

– Allez, les gars, on peut gagner ! crie Paul pendant que son équipe entre sur le terrain.

Il n'avait encore jamais joué sur une pelouse aussi parfaite. C'est comme un tapis et la balle glisse très vite dessus. Elle ne rebondit pas bizarrement comme à la Renardière.

Paul est le meilleur joueur de l'US Roissy, mais leurs adversaires sont plus grands et plus forts qu'eux. Certains de ses coéquipiers ont du mal à dépasser leur peur, mais

Paul profite de chaque minute. Il se bat dans tous les duels et se donne à fond en attaque. Il ne veut pas que le match s'arrête.

– Bien joué Paul, déclare Keftouna au coup de sifflet final en mettant le bras autour de ses épaules.

La déception se lit sur le visage de Paul.

– Ne t'inquiète pas, si tu continues à progresser, ce ne sera pas la dernière fois qu'on te verra jouer sur un aussi joli terrain.

CHAPITRE 8

# L'US TORCY

– Wow, ce gamin est vraiment doué, déclare Brahim Tlili à Bijou Tati, l'entraîneur des moins de 13 ans de l'US Roissy, après une nouvelle victoire.

Paul grandit et s'améliore de semaine en semaine. Il a tout ce qu'il faut – la force, la vitesse, la technicité et surtout, l'envie. Ça se voit qu'il veut être le meilleur.

Tati hoche la tête. Paul a toujours été très bon. Depuis tout petit, rien ne l'arrête. Il est plus ambitieux que jamais et désormais, en plus de ses tacles, de ses dribbles et de ses passes, il marque ! Il survole tous les matchs, comme s'il avait trois ans de plus que les autres. Mais Tlili n'est pas la seule personne à avoir remarqué les progrès de Paul. De plus en plus de recruteurs viennent le voir jouer. On l'appelle « le nouveau Vieira ». Pendant combien de temps encore l'US Roissy pourra-t-elle garder sa superstar ?

– Ce n'est pas tous les jours que l'on voit un milieu de terrain aussi talentueux, explique Tati à Tlili.

Dans le football moderne, tout le monde cherche ce type de joueur. C'est une vraie pépite !

Paul est heureux à l'US Roissy. Il se sent chez lui et il adore jouer avec ses meilleurs amis. Il prend beaucoup de plaisir et il est reconnaissant pour tout ce que le club lui apporte. Cependant, il sait aussi qu'il est important de se lancer de nouveaux défis et il est prêt à passer à la vitesse supérieure.

– Il est temps de passer aux choses sérieuses, lui confirme son père. Je crois que tu es trop fort pour cette équipe.

Yeo ressent la même chose, mais elle souhaite aussi que son fils garde les pieds sur terre. Paul est très bon, mais il a encore un long chemin à parcourir et il doit savoir rester humble s'il veut y arriver. Un soir, Yeo trouve Paul allongé sur le canapé alors que la vaisselle sale s'empile dans l'évier.

– Tu te prends pour une superstar maintenant ? demande-t-elle. Si c'est encore le bazar dans cette pièce dans dix minutes, tu seras privé de foot la semaine prochaine.

Cinq minutes plus tard, l'appartement est en ordre. Yeo est très fière de son fils. À la Renardière, il est facile de faire des bêtises pour impressionner la galerie, mais Paul, Mathias et Florentin sont des garçons bien élevés. Ils ne causent jamais d'ennuis. Ils sont de bons musulmans et Yeo s'assure qu'ils vont régulièrement à la mosquée locale.

– Soyez d'abord de bonnes personnes et ensuite de grands footballeurs, leur répète-t-elle souvent.

Les frères Pogba savent de toute façon qu'il vaut mieux éviter de contrarier leur mère.

Quand Paul fête ses douze ans, tout le monde est d'accord pour dire qu'il est temps pour lui de quitter l'US Roissy. C'est triste de le voir partir après sept si belles années, mais c'est ce qu'il y a de mieux pour sa carrière. Il doit franchir un cap et il ne peut pas le faire à l'US Roissy. Le Havre, une équipe de Ligue 2, se montre très intéressé, mais cela signifie que Paul devrait déménager et habiter à trois heures de route de la maison. Yeo pense que son fils n'est pas encore prêt pour ça.

– Il est encore trop jeune, dit-elle. Tout ce qu'il aime est ici : ses amis, sa famille.

Tati contacte donc l'US Torcy, la meilleure équipe de jeunes de la région.

– J'ai un gamin ici que vous devriez passer voir, dit-il à Stéphane Albe, le dirigeant du club. Il est incroyable et il n'habite pas loin du stade où vous vous entraînez. On joue samedi – venez, vous ne le regretterez pas.

Albe a déjà entendu le nom de Paul Pogba, mais chaque fois que les gens lui parlent de la « prochaine superstar », il est souvent déçu. Ce sont soit des jeunes très habiles qui se prennent pour les meilleurs du monde, soit des garçons grands et athlétiques qui ne savent pas jouer.

Mais pas cette fois. Ce gamin évolue sur le terrain avec le style et l'intelligence d'un joueur beaucoup plus âgé. C'est vraiment un moins de 13 ans ? Le recruteur n'en croit pas ses yeux. Sa lecture du jeu est excellente – il sait exactement quand passer et où se trouveront ses coéquipiers. Ce serait un super nouveau talent pour l'US Torcy. À la fin du match, Albe parle à Tati, puis à Paul.

– Super ! Tu es exactement le genre de joueur que nous recherchons à l'US Torcy, dit-il. Nos équipes de jeunes évoluent à haut niveau. Tu apprendrais beaucoup de choses avec nous et on t'aiderait à progresser. Ça te dit de venir t'entraîner avec nous ?

– Ça a l'air génial ! répond Paul avec un grand sourire sur son visage.

C'est un pas de plus vers les sommets du football. Il a hâte d'annoncer la nouvelle à tout le monde.

– Félicitations ! dit Mamadou en apprenant la nouvelle.

Les coéquipiers de Paul sont contents pour leur ami, même s'il leur manquera beaucoup.

– Pense à nous quand tu joueras en Ligue des champions.

Paul rit.

– C'est promis !

# CHAPITRE 9

# LE HAVRE

Le Havre est déçu de voir Paul signer à l'US Torcy, mais ils n'abandonnent pas pour autant.

– Continue à le suivre, déclare Mohamed Chacha, l'entraîneur des jeunes, à son recruteur. Ce gamin, c'est de l'or. Il sera bientôt prêt à rejoindre un grand club, et je veux qu'on soit en tête de liste.

Paul se plaît bien à l'US Torcy. C'est un club sympathique, situé encore plus près de chez lui. Après l'entraînement, il peut même repasser jouer avec ses amis et ses frères à la Renardière pendant une petite heure avant que le soleil se couche.

– Regardez qui voilà, notre superstar ! plaisante Nabil en voyant Paul arriver et se joindre à lui. C'est un honneur de vous recevoir parmi nous, Votre Altesse !

Paul s'incline en riant. Mathias lui fait une passe, et les voilà repartis dans leur match.

Le niveau à l'US Torcy est nettement plus élevé qu'à Roissy. Les entraîneurs le poussent sans cesse à s'améliorer, et Paul adore ça. Il devient rapidement leur meilleur joueur. Il est le plus grand de l'équipe. Une fois la balle au pied, certains s'attendent à ce qu'il soit un peu maladroit avec ses longues jambes, mais c'est tout le contraire, il est de loin le plus habile. Il a tellement de tours et de dribbles dans son sac, que les adversaires n'arrivent pas à le suivre.

– Wow, je n'ai jamais vu un milieu de terrain aussi doué à cet âge ! dit Stéphane Albe à ses adjoints après que Paul vient une nouvelle fois de remporter le match à lui tout seul. Il peut vraiment tout faire ?

Tous secouent la tête. Paul est le meilleur joueur qu'ils aient jamais eu. Il n'est là que depuis quelques mois, mais déjà l'US Torcy craint de le perdre.

– Combien de recruteurs sont venus au match aujourd'hui ? demande Albe avec un froncement de sourcils.

– Au moins dix, peut-être plus, répond un adjoint. Ce type du Havre vient à tous les matchs !

Paul essaie d'ignorer tous les ragots et de se concentrer sur le foot. Les entraîneurs de l'US Torcy lui apportent beaucoup. Grâce à eux, il distribue de mieux en mieux le jeu depuis le milieu de terrain. Mais Le Havre est une très bonne équipe avec une belle réputation. S'ils veulent le signer à nouveau, Paul aura une décision difficile à prendre.

– Comment était Paul ce week-end ? demande Chacha à son recruteur lors de leur réunion du lundi matin.

– Excellent, répond-il avec les yeux brillants d'excitation. Il était partout, en attaque comme en défense. Il a inscrit deux buts et il a même failli marquer d'une trentaine de mètres ! J'ai l'impression qu'il s'est encore amélioré ces dernières semaines.

Chacha acquiesce.

– D'accord, je viendrai le voir la prochaine fois.

S'il n'était pas déjà au courant, Chacha pourrait penser que Paul évolue avec des joueurs beaucoup plus jeunes que lui. Et ce n'est pas seulement à cause de sa taille. Pendant que les autres joueurs courent en grappe après le ballon et frappent sans réfléchir, Paul reste calme. Le match ralentit quand il est à la manœuvre. On voit qu'il analyse vraiment la situation avant de décider ce qu'il va faire ensuite. Il mérite ce brassard de capitaine, il se débrouille comme un chef.

*Très impressionnant*, se dit Chacha.

Pendant qu'il regarde le match, il prend des notes dans son carnet :

*« Mince, mais il a des jambes très puissantes. »*

*« Très mature pour son âge. »*

*« Prend des risques, mais de bons risques. »*

Alors que la saison touche à sa fin, Chacha décide de passer à l'action.

– Paul est un grand espoir, et nous pensons que c'est le bon moment pour lui de rejoindre un club d'envergure comme Le Havre, déclare-t-il au père de Paul, lors d'un rendez-vous. Nous prenons soin de nos talents, regardez Vikash Dhorasoo et Jean-Alain Boumsong !

Dhorasoo et Boumsong sont deux internationaux français qui ont commencé leur carrière au Havre. Antoine sait que ce serait la bonne décision pour son fils. Paul est déjà trop fort pour Torcy, mais rejoindre un grand club de Ligue 1 comme Marseille ou le Paris Saint-Germain pourrait être une erreur. Il a besoin d'attention, et Le Havre serait parfait pour cela.

– Laissez-moi en parler à Paul et nous vous recontacterons bientôt, conclut Antoine.

– Maman, ce serait trop cool de signer au Havre, mais, et mes amis ? demande Paul au dîner. C'est vraiment très loin, et je ne pourrai plus jouer avec eux le soir !

– Tu les reverras, je te le promets, le rassure Yeo. Mathias et Florentin, eux, déménagent en Espagne. Au moins, toi, tu seras toujours en France ! Et puis, ce n'est pas si loin.

Paul réfléchit longuement à cette offre. Au final, toute la question est de savoir où se situe son ambition. S'il veut devenir l'un des meilleurs joueurs du monde, il doit continuer à s'améliorer. Le Havre est un club pro qui évolue en Ligue 2. C'est du sérieux.

– Papa, j'ai pris ma décision, dit Paul à Antoine un week-end. Je veux signer au Havre.

L'US Torcy est triste de voir partir Paul, mais il ne peut pas rivaliser. Chacha est ravi de sa nouvelle recrue. Ce garçon de tout juste quatorze ans a tellement de potentiel et il est déterminé à réussir.

– Je pense que je joue un peu comme Vieira, un peu comme Zidane et un peu comme Ronaldinho, lui confie Paul alors qu'ils sont en route pour le stade Océane, où évolue son nouveau club.

Chacha le dévisage, est-ce qu'il rigole ? Mais Paul est très sérieux. Quand il s'agit de foot, Paul ne plaisante jamais.

– Ouah, j'adore cette confiance que tu as en toi, déclare l'entraîneur des jeunes, un large sourire sur son visage.

CHAPITRE 10

# CAPITAINE DE L'ÉQUIPE DE FRANCE

– Salut, on se connaît? dit Mamadou en prenant Paul dans ses bras.

Leur poignée de main spéciale dure presque une minute entière, mais ils se souviennent encore tous les deux de chaque enchaînement. Ils rient et discutent sur le bord du terrain où ils ont grandi comme deux vieux amis.

– Je ne t'ai pas vu depuis des siècles – je commençais à penser que tu nous avais oubliés.

– Désolé, répond Paul.

Ses amis lui manquent, mais sa vie est tellement remplie.

– Je n'arrête pas de voyager en ce moment et je ne te parle même pas du foot. C'est génial, mais je n'ai plus le temps de rentrer à la maison pour jouer avec vous.

– Tu es pardonné ! le rassure Mamadou, le sourire aux lèvres.

– Comment ça se passe à Roissy ? demande Paul.

Son club formateur occupe une place à part dans son cœur.

– Ne t'inquiète pas pour nous, on se débrouille. Mais dis-moi plutôt comment ça se passe pour toi au Havre ?

– Ça se passe vraiment bien, je te remercie, répond Paul. Au début, j'avais un peu la pression – le niveau de jeu est assez… dingue ! Mais tu me connais, rien ne m'arrête. Je progresse chaque jour.

– Trop bien ! Ta mère m'a dit que tu jouais aussi en équipe de France junior ?

Paul est un peu gêné. Yeo lui a appris à faire preuve de modestie. Mamadou éclate de rire et roule des yeux.

– Qu'est-ce que tu crois ? Ta mère est très fière de toi. Et nous aussi !

– Merci mec, tout va si vite, dit Paul en prenant une longue inspiration. Je me demande parfois si je ne suis pas en train de rêver.

Quand Paul est arrivé pour la première fois au centre d'entraînement du Havre, il n'en croyait pas ses yeux.

Ils avaient tous les équipements dernier cri et les vestiaires ressemblaient à des chambres d'hôtel. Rien à voir avec l'US Roissy.

– Nous avons de grands projets ici au Havre, explique Chacha à Paul lors de cette première visite. Le collectif junior alimente notre équipe senior. On a terminé sixième de Ligue 2 l'an passé, mais l'objectif l'an prochain, c'est la montée. On est prêts pour la Ligue 1 !

C'est le genre de phrases que Paul aime entendre et, en effet, grâce à son attaquant vedette, Guillaume Hoarau, Le Havre fonce droit vers le titre de Ligue 2.

– Il a marqué vingt-huit buts – c'est presque deux fois plus que Cissé ! dit Paul à ses coéquipiers.

Hoarau est la superstar du club et les jeunes joueurs restent souvent tard le soir pour le voir s'entraîner.

– Continuez à progresser et chacun d'entre vous pourra être le prochain Guillaume Hoarau, déclare Chacha à ses joueurs.

C'est ce qui les motive tous, mais Paul est particulièrement excité. Il aime être dans un environnement où le choix de la composition d'équipe ne se fait pas seulement en se basant sur l'âge et l'expérience, mais avant tout en fonction du talent.

Paul s'intègre très vite au Havre et, dès sa deuxième saison, Chacha le nomme capitaine.

– Tu es un véritable leader – tu te bats constamment pour l'équipe et les autres suivent ton exemple, explique l'entraîneur en lui offrant le brassard.

Paul est ravi et il a hâte d'annoncer la bonne nouvelle à son père.

– C'est génial, fiston, dit fièrement Antoine. Tu as beaucoup de responsabilités maintenant.

Mais ça n'inquiète pas Paul ; au contraire, ça le rend même encore plus fort. Dans le championnat des moins de 16 ans, Le Havre se mesure à de grands clubs comme Lyon, Lens ou Nancy. L'équipe doit être à son meilleur niveau si elle veut avoir une chance.

– Si on travaille dur, tous ensemble, on peut y arriver ! dit Paul à ses coéquipiers avant le début de la saison.

Tous écoutent attentivement leur nouveau capitaine.

– On n'est pas les favoris, mais c'est à nous de prouver le contraire.

Au centre de l'entrejeu, Paul contrôle tout. Il se bat pour récupérer le ballon, puis aide son équipe à progresser vers l'avant. Quand il en a l'occasion, et que ça ne met pas ses partenaires en danger, il tente encore quelques tours bien à lui. Il encourage ses coéquipiers tout en distribuant le jeu. Grâce à lui, Le Havre surprend tout le monde, sauf son entraîneur.

– C'est la meilleure équipe avec laquelle j'aie travaillé, dit Chacha. Ils ont terminé deuxièmes du championnat, juste derrière Lens. C'est une question de confiance – il faut y croire !

Paul croit en son entraîneur, en ses coéquipiers et surtout en lui-même. Il a tout pour devenir un grand joueur, il en est persuadé. Il a juste besoin de s'améliorer encore. Non seulement il joue pour les moins de 16 ans en équipe de France, mais il est aussi leur capitaine maintenant.

– Si tu gardes cette même discipline, tu peux devenir l'un des meilleurs joueurs au monde, lui dit Guy Ferrier, l'entraîneur, pendant un rassemblement en équipe nationale. Quand tu brilles, tous les autres autour de toi brillent aussi.

Tu as tout ce qu'il faut pour réussir. J'ai confiance en toi, alors prouve-moi que j'ai raison.

– Merci, coach, répond Paul avec un grand sourire. C'est un véritable honneur de jouer pour mon pays. Je ne vous laisserai pas tomber.

Il y a trois ans, Paul jouait au niveau local et, aujourd'hui, il est le capitaine de l'équipe de France. Les plus grands clubs français s'intéressent à lui, mais aussi Manchester United, Chelsea et Arsenal outre-Manche. Ça a l'air dingue, mais c'est la réalité. Comme il le disait à Mamadou, tout va très vite, et Paul se demande où cela va le mener.

CHAPITRE 11

# DÉMÉNAGEMENT À MANCHESTER

Manchester United a des recruteurs partout dans le monde. Ils assistent à de nombreux matchs tout au long de l'année pour dénicher les nouvelles superstars. Comme tous les plus grands clubs, ils sont à la recherche des meilleurs espoirs pour les attirer avant que d'autres ne s'y intéressent. C'est comme cela qu'ils ont signé Cristiano Ronaldo et Paul.

David Friio jouait pour Plymouth Argyle en Angleterre et, lorsqu'il a pris sa retraite, il est rentré en France et a entamé une carrière de recruteur. Les bons joueurs sont nombreux en Ligue 1 et en Ligue 2, et ils sont généralement moins chers qu'en Italie ou en Espagne.

David n'occupe ce poste que depuis quelques années, mais il sait repérer les jeunes les plus prometteurs.

– Donnez-moi dix minutes et je vous dirai si un gamin a un truc en plus, aime-t-il répéter.

David sillonne l'hexagone, mais Le Havre est tout en haut de sa liste. C'est un centre de formation reconnu et, en 2009, il compte l'un des talents les plus titrés de France : le capitaine de l'équipe nationale des moins de 16 ans, Paul Pogba.

*Voyons voir s'il est aussi bon que ce que tout le monde pense,* se dit David en s'asseyant dans les tribunes du stade Océane.

Le public est venu nombreux et David aperçoit les recruteurs d'autres grands clubs ; la nouvelle des exploits de Paul s'est répandue très vite.

La première chose qu'il remarque à propos de Paul est sa taille. Alors que les deux équipes entrent sur le terrain, la silhouette de Paul se détache. Il dépasse tous ses partenaires de plusieurs têtes. Ses jambes semblent suffisamment longues pour s'étirer d'une surface à l'autre. Il est toujours très maigre, mais la musculation, ce n'est pas le plus compliqué. Il est peut-être vraiment « le nouveau Patrick Vieira ».

Dès le début du match, Paul est au cœur de l'action. Pour un adolescent aussi filiforme, il joue avec beaucoup d'élégance. Son jeu de passe est fluide et réfléchi, et il est difficile de savoir s'il est droitier ou gaucher. Parfois, il se fait prendre un peu haut sur le terrain, mais il peut encore travailler sur son positionnement, et Manchester United serait le club idéal pour l'aider à progresser.

Juste avant la pause, le ballon parvient à Paul à une trentaine de mètres du but. Les défenseurs s'attendent à une passe en profondeur, mais au lieu de cela, il contrôle en une touche et expédie un tir puissant dans la lucarne.

*Boooooooooooooooooom !*

Le gardien n'a pas eu le temps de réagir.

David marmonne tout seul. Il doit de toute urgence parler de ce garçon à ses contacts.

– J'ai trouvé une véritable pépite, dit-il à Paul McGuinness, l'entraîneur des jeunes de Manchester United.

– Quel poste ? demande ce dernier.

– Milieu de terrain axial, et il a tout ce qu'il faut. Il court, il tacle, il passe, il dribble et il a une sacrée puissance de tir !

L'excitation s'entend dans la voix du recruteur.

– Un nouveau Scholes ? l'interroge Paul McGuinness.

Depuis des années, Manchester United cherche quelqu'un pour remplacer Paul Scholes, la légende des Red Devils. Et c'est loin d'être facile. Un milieu de terrain capable de défendre, d'attaquer et de marquer des buts, c'est plutôt rare. En réalité, c'est presque impossible.

– Difficile à dire, mais croyez-moi, c'est le meilleur joueur que j'aie jamais vu à ce poste, et à cet âge, répond David. Les recruteurs d'Arsenal et de Chelsea sont présents ce soir, et probablement quelques autres aussi.

– OK, laissez-moi parler à Fergie, conclut Paul. C'est toujours à Sir Alex Ferguson, le manager de Manchester United, que revient la décision finale. Si tout se passe bien, nous viendrons bientôt vous rendre visite en France.

Au final, le plus dur, ce n'est pas de convaincre le club que Paul est fait pour Manchester United, non.

Le plus difficile, c'est de faire accepter à Paul et à sa famille que Manchester United est le meilleur choix pour lui s'il veut progresser. La Juventus, Lyon, Chelsea et Arsenal se battent également pour signer Paul. C'est un des talents les plus en vue en Europe et il reçoit beaucoup d'offres.

– Votre fils a du potentiel, dit Ferguson à Yeo dans leur appartement.

Le fait que Fergie se déplace pour rencontrer Yeo et Antoine montre tout l'intérêt qu'il porte à leur enfant.

– Nous pouvons faire de Paul l'un des meilleurs milieux de terrain de sa génération.

Le centre d'entraînement de Manchester United est mondialement connu. Il a produit de grands joueurs comme David Beckham, Ryan Giggs et Paul Scholes. Paul serait entre de très bonnes mains, d'autant que l'offre de Ferguson est réellement impressionnante.

– Qu'est-ce que tu en penses ? demandent les parents de Paul à leur fils.

L'important pour eux est qu'il soit heureux. Partir vivre en Angleterre, ce serait un sacré changement pour lui qui n'a connu que la Renardière.

Paul réfléchit. C'est une étape décisive dans sa carrière et il doit faire le bon choix. Finalement, il relève la tête, prêt à répondre.

– Je veux jouer pour Manchester United ! lance-t-il à ses parents avec un large sourire.

Non, ce n'est pas un rêve, l'une des plus grandes équipes européennes, onze fois championne de Premier League, s'apprête à le recruter.

Le Havre est bien sûr très déçu de voir Paul partir, mais que peut-il faire à part lui souhaiter bonne chance ?

– N'oublie jamais d'où tu viens, lui dit Jean-Pierre Louvel, le président du club quand il le salue pour la dernière fois. Continue à bien travailler et tu tireras le meilleur parti de ton talent.

Paul hoche la tête et remercie Louvel pour son soutien et ses conseils. Il est hors de question pour lui de gâcher une telle opportunité. Ses parents et ses entraîneurs l'ont toujours encouragé à sans cesse apprendre de nouvelles choses. Il est impatient de déménager à Manchester, mais il a un gros souci.

– Maman, j'ai peur d'avoir le mal du pays, dit-il à Yeo alors qu'ils sont en train de faire ses valises. Et si je ne me plais pas en Angleterre ? J'ai entendu dire que le temps était pourri !

Yeo rit.

– Ne t'inquiète pas, je t'accompagne à Manchester !

CHAPITRE 12

# UN JOUEUR PROMETTEUR

– Quelqu'un connaît ce Français qu'on vient de signer ? demande Ravel Morrison à ses partenaires des moins de 18 ans de Manchester United.

Ravel est la vedette de l'équipe et il aimerait bien en savoir plus sur ce garçon dont tout le monde parle.

– J'ai entendu dire qu'il avait son propre préparateur physique et son diététicien, répond Jesse Lingard. Il n'a que seize ans, mais c'est déjà un vrai pro !

– J'ai joué contre lui avec les moins de 17 ans de la République d'Irlande l'an dernier, ajoute Sean McGinty, le défenseur. Il est brillant !

– C'est ce qu'on verra, dit Ravel d'un air grincheux.

Il se réjouit de l'arrivée de nouveaux talents, mais la star de l'équipe, c'est lui, et il tient à faire passer le message à la jeune recrue.

– Les gars, je vous présente Paul Pogba, déclare Paul McGuinness, l'entraîneur. Il vient du Havre, en France. Faites en sorte de bien l'accueillir.

– Qu'est-ce qu'il est grand ! glisse Jesse à Ravel. Tu es sûr qu'il n'a que 16 ans ?

Depuis son arrivée, Paul a toujours le sourire. Son anglais n'est pas encore très bon, mais il veut se montrer sous son meilleur jour, c'est important l'esprit d'équipe. Paul est persuadé que s'il s'entend bien avec ses partenaires en dehors du terrain, ils joueront d'autant mieux sur le terrain.

Mais dès que l'entraînement commence, Paul est de nouveau concentré. Son visage se ferme et une étincelle brille dans ces yeux. Il est toujours en mouvement et repousse sans cesse ses propres limites. Paul veut montrer qu'il est à la hauteur.

McGuinness surveille le jeune français. Malgré ses longues jambes, Paul fait preuve de beaucoup d'adresse.

Et il a aussi beaucoup confiance en lui. C'est seulement son premier jour à Manchester, et il dispute déjà la vedette à Ravel. La confrontation risque d'être intéressante…

En compétition officielle, McGuinness est très strict avec ses joueurs, mais pendant les matchs d'entraînement, il les encourage à tenter de nouvelles choses. Pour lui, le plaisir est un élément capital dans la formation. Au moment de faire les équipes, McGuinness s'assure que Paul et Ravel ne soient pas dans la même équipe.

Paul récupère le ballon, dribble un premier adversaire d'un petit pont avant de battre le suivant d'un incroyable coup du sombrero. Il contrôle parfaitement la balle. D'une feinte de l'épaule, il déstabilise son défenseur et en profite pour servir en aveugle, d'une passe millimétrée dans la profondeur, Jesse, qui inscrit le but de la victoire.

– Wow, Paul est super technique ! crie Michael Keane.

Mais Ravel ne se laisse pas démonter. En quelques foulées, il entre dans la moitié de terrain adverse, et réalise un petit pont sur son vis-à-vis. Il est sur son mauvais pied, mais il marque d'un coup du foulard, en glissant le pied gauche derrière la jambe droite pour tirer.

– Qu'est-ce qu'il est fort ! lance Will, le frère jumeau de Michael.

Le match se résume à une opposition entre Paul et Ravel. Double-contact, passement de jambe à la Cruyff, coup du sombrero, râteaux – ils tentent tous les gestes possibles. McGuinness a le sourire aux lèvres. Grâce à Paul, Ravel donne le meilleur de lui-même, et inversement.

À la fin de la partie, Paul est épuisé, mais il s'est vraiment bien amusé. Il va se plaire à Manchester, c'est sûr et certain.

– Bien joué mec, c'était incroyable ! dit-il à Ravel en lui serrant la main.

– Ouais, tu es hyper doué ! répond Paul. Si on continue comme ça, on sera imbattables cette saison.

En dehors du terrain, Ravel et Paul deviennent de très bons amis. Avec Jesse, ils forment un trio inséparable. Ils aiment s'amuser et écouter du rap, et Paul se sent comme à la Renardière avec Mamadou, Habib, Nabil et Ounoussou.

– Vous avez entendu ce nouveau son ? demande Paul, en leur prêtant son casque pendant qu'ils s'asseyent ensemble à l'arrière du bus.

Très vite, ils se mettent à chanter en chœur et se lancent dans un concours de danse. Sur le terrain, Ravel et Paul sont coéquipiers, mais aussi rivaux. Si Ravel réussit un geste technique, Paul essaie d'en faire un encore meilleur ; si Paul marque un but, Ravel tente d'inscrire un doublé. Les deux joueurs prennent beaucoup de risques avec le ballon, mais quand ils loupent leur action, ils font tout pour se rattraper. Grâce à la saine concurrence entre Paul et Ravel, Manchester United termine en tête de son groupe dans la Premier Academy League.

En demi-finale, ils affrontent Arsenal. Le score est de 1-1 après prolongation, mais, malheureusement, Manchester United s'incline aux penaltys.

– Ne vous inquiétez pas, on gagnera l'année prochaine, dit Paul à ses coéquipiers dans le vestiaire après le match.

Tout le monde est vraiment déçu, mais ils auront l'occasion de se rattraper. Ils sont encore jeunes.

*On ne laissera pas passer notre chance cette fois,* se disent-ils.

McGuinness est très impressionné par l'attitude de Paul. Il aime plaisanter et frimer, mais c'est un compétiteur né. Dès les premières minutes d'une rencontre, Paul se donne à cent dix pour cent pour l'équipe. À ce rythme-là, il ne tardera pas à être appelé en équipe première. Ravel a déjà fait sa première apparition, et Paul n'est jamais loin derrière lui. Et en effet, quelques mois après le début de la saison 2010-2011, Paul reçoit de bonnes nouvelles.

– Félicitations, tu intègres la réserve, lui dit McGuinness après l'entraînement. Les choses sérieuses commencent !

Paul est ravi – c'est un grand pas en avant pour un jeune de 17 ans. Affronter des joueurs beaucoup plus âgés, ça, c'est un vrai défi, surtout au milieu de terrain où les duels sont nombreux. Paul se muscle de plus en plus, mais il reste encore assez maigre. Heureusement, rien ne l'effraie.

En parallèle, Paul participe à la FA Youth Cup avec ses anciens partenaires. Contre Portsmouth au troisième tour, le ballon lui parvient à vingt-cinq mètres du but. Paul sait qu'il a ses chances à cette distance et, sans même prendre le temps de contrôler, il tire.

*Booooooooooooom !*

Le gardien ne peut rien faire.

*Buuuuuuuuuuuuuuuuuuuuuuuuuuuuuuuuuuuu uuuuuuuuuuuuuuuuuuuuuut !!!*

Alors que ses coéquipiers accourent pour le féliciter, Paul reste calme et lève les bras en l'air. Il savait au moment de frapper qu'il allait marquer un joli but. Manchester United bat West Ham, Newcastle et Liverpool, et se retrouve opposé à Chelsea en demi-finale. Durant le match aller à Stamford Bridge, Manchester United est mené 2 à 0 à la pause.

– Allez, les gars, on vaut beaucoup mieux que ça ! lance Paul dans les vestiaires. On n'a plus le droit à l'erreur. On repart sur de bonnes bases pour la deuxième période.

Paul récupère le ballon en début de seconde mi-temps, élimine un premier joueur et enchaîne avec une roulette à la Zidane pour dribbler le suivant. Il a de l'espace devant lui et de la foudre dans les pieds. Il tire, mais malheureusement, le gardien parvient à l'arrêter.

– Allez, on ne lâche rien ! crie Paul pour encourager ses coéquipiers.

Son message est entendu et quelques minutes plus tard, sur un corner au second poteau, Jesse expédie la balle au fond des filets. Manchester United est de retour dans la partie, mais Chelsea marque un troisième but. On pourrait croire que le match est terminé, mais Paul n'abandonne jamais. Le gardien dévie une nouvelle tentative et, dans les dernières minutes, Jesse parvient à centrer dans la surface. Paul saute le plus haut et d'une tête bien ajustée catapulte la balle dans le petit filet.

– Quel but ! crie Jesse pendant qu'ils se rassemblent pour se congratuler.

– Un but à Old Trafford suffira pour nous qualifier, enchaîne Paul.

Au final, Manchester United s'impose 4 à 0 au retour, mais le but de Paul a joué un rôle déterminant pour entretenir l'espoir dans l'esprit de ses partenaires. Alors que la pression était à son comble, il a répondu présent.

En finale, les Red Devils affrontent Sheffield United. Le match aller s'achève sur le score de 2 partout. Manchester

United n'a besoin que d'une victoire à domicile. L'équipe est en confiance.

– On a fait un si beau parcours jusqu'ici, déclare Ravel avant le coup d'envoi. Encore quatre-vingt-dix bonnes minutes et le trophée est à nous !

Ravel marque deux buts et Manchester United s'impose 4 à 1. Les trois mousquetaires peuvent célèbrent leur succès avec la Youth Cup entre les mains.

– C'est le premier titre d'une longue série ! dit Ravel en faisant une danse idiote.

Paul se joint à eux.

– Oui, mais le prochain sera avec l'équipe première – c'est nous, l'avenir de ce club !

## CHAPITRE 13

# APPRENDRE DES LÉGENDES

– Coach, je sais que vous ne voulez pas précipiter les choses avec Paul, mais je pense qu'il est prêt, dit Ole Gunnar Solskjaer à Sir Alex Ferguson. Solskjaer est devenu une légende du club lorsqu'il a marqué en finale de la Ligue des champions 1999 et il est aujourd'hui le manager de l'équipe réserve.

Paul est au cœur de toutes les conversations, et Ferguson a conscience qu'il ne doit pas trop attendre avant de lui donner sa chance. Au fil des années, il a lancé tant de jeunes joueurs. Ravel, par exemple, a fait ses débuts lors de la saison précédente. Paul est-il la prochaine superstar ? Le seul moyen de le savoir est de le faire jouer.

– Si on le tient à l'écart plus longtemps, dit Ferguson, il finira par partir et ce n'est vraiment pas ce qu'on souhaite. Il est grand, athlétique et habile, tout ce qu'on recherche chez un milieu.

Paul commence à s'entraîner avec l'équipe première au cours de la saison 2010-2011. Côtoyer des légendes comme Ryan Giggs et Wayne Rooney, c'est comme un rêve devenu réalité. Le simple fait de pouvoir les observer de près est une expérience incroyablement enrichissante.

– Alors, ça se passe comment ? demande Adnan Januzaj.

Il a deux ans de moins que Paul et c'est un ailier brillant du centre de formation.

– Le niveau est très relevé ! répond Paul. C'est un sacré défi, mais tu me connais, j'adore ça !

En tant que milieu de terrain axial, Paul suit avec intérêt un joueur en particulier : Paul Scholes. Il a maintenant trente-six ans, mais il n'a rien perdu de ses capacités. Ses passes et ses tirs sont impeccables.

– Comment est-ce qu'il fait ça ? dit Paul à Jesse. C'est une machine !

Scholes a une intelligence de jeu rare et toujours un coup d'avance. Quand il reçoit la balle, il sait déjà exactement à qui il va la donner. C'est un domaine dans lequel Paul doit vraiment s'améliorer. Comme il est très grand, il peut protéger son ballon le temps de faire une bonne passe. Scholes au contraire est assez petit et doit prendre des décisions rapides. Paul a encore tellement à apprendre s'il espère un jour devenir le meilleur. L'autre chose que Paul admire chez Scholes est son envie de gagner.

– Ce type est en fin de carrière et il a remporté onze titres de Premier League et deux Ligues des champions, confie-t-il à Ravel. Pourtant, il en veut toujours plus. C'est impressionnant !

Paul travaille dur, ce qui attire l'attention de ses coéquipiers.

– Continue et tu feras bientôt tes débuts avec nous, lui glisse Patrice Evra, l'international français, qui a pris Paul sous son aile.

Il lui donne beaucoup de conseils et, parfois, il dîne avec Paul et sa mère.

– On a vraiment besoin d'un milieu de terrain comme toi !

Lorsque Scholes part à la retraite à la fin de la saison, Paul semble tout désigné pour le remplacer. Il s'est bien intégré à l'équipe première, et il est impatient de faire son entrée dans un match officiel. Il est convaincu d'en avoir l'ambition et le talent.

– J'apprends tellement de choses à l'entraînement, mais je dois le mettre en pratique sur le terrain ! dit-il à sa mère.

Il rêve de jouer devant le public légendaire du « Théâtre des Rêves ».

– Ne t'inquiète pas, ça va venir, j'en suis sûr, lui dit Yeo.

Elle a pleinement confiance en son fils.

Quelques jours avant le premier tour en Cup, il reçoit enfin les nouvelles qu'il attendait.

– Pogba intégrera le groupe qui affrontera Leeds United, annonce Ferguson lors de la conférence de presse.

Paul est tellement excité à l'idée de participer à son premier match que, quand il aperçoit son nom sur la liste des remplaçants, il est… déçu.

– Et si je ne joue que dix minutes ? se plaint-il à Jesse. J'ai besoin de plus de temps pour faire mes preuves !

Paul vit vraiment mal de regarder la première période depuis le banc. Il veut rentrer ! À la pause, Manchester United mène 3-0. Il n'y a plus grand-chose à craindre, non ?

– Paul, prépare-toi, lui dit Ferguson. Tu remplaces Giggs.

Un grand sourire naît sur le visage de Paul – il a quarante-cinq minutes devant lui pour montrer ce dont il est capable. Il n'en pouvait plus d'attendre, mais il n'est pas nerveux pour autant.

*C'est à mon tour de briller*, se dit-il en retirant sa veste de survêtement.

Il portera le numéro 42.

En seconde mi-temps, Paul ne ménage pas ses efforts. Il se sent très à l'aise aux côtés de Michael Carrick. Au début, Paul joue simple, mais efficace. Quand il reçoit le ballon, il lève les yeux et le remet immédiatement avant de se replacer.

Au fur et à mesure, il prend confiance en lui, dribble plus et tente de pénétrer dans la surface de réparation.

Lorsque le coup de sifflet final retentit, Paul est épuisé, mais il n'est pas prêt à quitter le terrain. Il pourrait jouer quatre-vingt-dix minutes supplémentaires.

– Beau match, lui dit Ferguson en lui donnant une tape dans le dos.

Paul est satisfait de sa performance, mais il sait qu'il peut faire beaucoup mieux. Il a juste besoin de plus de temps de jeu. Au quatrième tour contre Aldershot, Manchester United mène 3-0 quand Paul fait son entrée à la soixantième minute. Il n'a rien à perdre et tout à gagner. Après dix minutes, il tire de l'extérieur de la surface de réparation.

*Boooooooooooooom !*

Cette fois-ci, le ballon passe au-dessus de la barre transversale, mais Paul ne fait que s'échauffer.

*La prochaine, c'est la bonne!* se dit-il en se replaçant.

Petit à petit, il se rapproche du cadre.

Paul se débrouille bien et impressionne Ferguson par son calme et sa maturité. Mais maintenant qu'il a goûté à la Cup, il est déjà tourné vers son nouvel objectif.

– Je suis prêt à jouer en Premier League, lance-t-il à Jesse à l'entraînement.

Et il n'est clairement pas le seul à Old Trafford à penser ça.

CHAPITRE 14

# FRUSTRÉ DE NE PAS JOUER

*Scholes revient dans l'effectif!*

La rumeur court depuis plusieurs semaines. Paul Scholes n'a pas pris sa retraite depuis six mois qu'on annonce déjà son retour suite à une succession de blessures parmi les joueurs. Avec Rio Ferdinand et Nemanja Vidic à l'infirmerie, Michael Carrick se retrouve à devoir jouer en défense. Qui peut occuper sa place au milieu de terrain?

Paul est partagé lorsqu'il apprend la nouvelle. D'un côté, c'est génial de voir un tel joueur revenir dans le groupe, mais de l'autre, pourquoi Ferguson ne lui fait-il pas confiance? Paul est prêt à remplacer Scholes, mais le coach préfère rappeler une ancienne gloire de trente-sept ans plutôt que donner sa chance à un jeune espoir de dix-huit ans. Paul est déçu, et frustré.

Au réveillon du Nouvel An 2011, Manchester United affronte les Blackburn Rovers à domicile et Scholes n'est pas encore en état de jouer. Tom Cleverley et Darron Gibson ne sont pas non plus disponibles.

– Félicitations, tu fais partie du groupe pour le match, lance Jesse avec enthousiasme à Paul. Tu vas enfin avoir ta chance !

Paul aimerait que son ami ait raison. Cela fait des mois qu'il attend de faire ses débuts en Premier League et, pour tout dire, il commençait à ne plus y croire. Après la victoire en Youth Cup, il pensait que les choses allaient bouger. Ferguson lui a dit à plusieurs reprises qu'il y était presque, mais il ne peut pas rester un éternel espoir. S'il veut progresser, Paul doit jouer régulièrement avec l'équipe première.

Au moment de l'annonce des titulaires pour le prochain match, Paul est impatient et très excité :

De Gea, Valencia, Carrick, Jones, Evra, Nani, Rafael, Park, Welbeck, Hernandez, Berbatov... Son cœur se serre, il n'est pas dans le onze de départ. Le voilà à nouveau sur le banc.

– Je n'en reviens pas ! dit-il furieux à son agent, Mino Raiola, au téléphone avant le match. Rafael est latéral droit et Ji-Sung Park ailier – pourquoi jouent-ils au milieu de terrain à ma place ?

– Je n'en ai aucune idée, mais garde ton calme, répond Mino. Je suis sûr que tu vas entrer en seconde période.

Mais quand Javier Hernández sort à la mi-temps, c'est Anderson qui le remplace, pas Paul. La rencontre se termine sur le score de 3 à 2 pour Blackburn, et Paul n'a pas joué une seule minute. C'est définitivement son pire jour à Manchester United.

La semaine qui suit, Paul ne décolère pas.

– Si je ne suis pas titulaire quand tous les autres milieux de terrain sont absents, ça ne sert à rien que je reste ! dit-il à son agent.

Mino Raiola sait que les jeunes joueurs peuvent parfois être trop impatients, mais dans le cas de Paul, il ne comprend pas pourquoi Manchester United le traite de cette façon. Paul est tout à fait gérable, son comportement est même exemplaire. Il est l'un des meilleurs espoirs au monde et tout ce qu'il veut, c'est jouer au football. Où est le problème ?

Manchester United souhaite qu'il renouvelle son contrat, mais désormais, Paul n'est plus si sûr d'avoir envie de rester.

– J'aime mes coéquipiers et je me sens vraiment chez moi ici à Manchester, mais j'en ai assez d'avoir du « potentiel », poursuit Paul. Je ne suis pas une future vedette, je suis la superstar du moment !

– Je suis d'accord et beaucoup d'autres clubs le sont aussi, acquiesce Mino. La Juventus est prête à te faire une super offre et dit que tu serais un titulaire régulier.

C'est très tentant, d'autant plus que Zinédine Zidane, le grand héros de Paul, a joué pour l'équipe italienne.

– Voyons d'abord comment les choses vont évoluer ici dans les prochains mois, conclut-il.

Fin janvier 2012, Paul fait enfin ses débuts en Premier League. Contre Stoke, il rentre à la place de Javier.

Les chants des soixante-quinze mille supporters d'Old Trafford sont incroyables. Paul n'avait jamais rien ressenti d'aussi fort jusqu'ici.

*C'est le moment de briller!* se dit-il.

– Joue le plus possible vers l'avant, lui dit Scholes.

Paul hoche la tête avec entrain. C'est l'occasion ou jamais de se faire un nom. Pendant les vingt dernières minutes, il est impliqué dans toutes les actions. Il tire les coups de pied arrêtés, il obtient des coups francs et tente quelques frappes également.

Le public de Manchester United l'applaudit chaleureusement – il aime voir du sang neuf dans son équipe.

– C'est incroyable, confie Paul à Ben Amos, le gardien de Manchester United, en regagnant les vestiaires. Je veux jouer dans cette ambiance toute ma vie!

– Moi aussi! répond Ben. Un blanchissage[1] pour ma grande première, c'est un bon début.

Après le match, Ferguson ne tarit pas d'éloges sur Paul.

– Il s'en est très bien sorti. C'est difficile de croire qu'il a seulement dix-huit ans, dit-il devant les médias.

---

1. *Blanchissage : le fait pour un gardien de ne pas encaisser de buts lors d'un match.*

Pourtant, Paul est absent contre Chelsea, Liverpool, Norwich et Tottenham. Enfin, six semaines plus tard, il rentre contre West Bromwich pour les vingt dernières minutes. Il fait de son mieux pour faire la différence, mais Manchester United mène déjà 2 à 0. Le même scénario se répète quelques jours plus tard contre les Wolves de Wolverhampton : il n'est pas aligné au coup d'envoi.

– Ces matchs sont quasiment terminés ! gémit Paul. Pourquoi est-ce qu'on ne me sélectionne pas dans l'effectif de départ ?

Tout le monde à Manchester United sait combien Paul est malheureux et craint de voir le meilleur espoir quitter le club au mercato. Patrice Evra tente de réconforter Paul et sa famille.

– Si tu restes, tu deviendras une légende. Tu dois juste être patient.

– Mais je n'ai plus seize ans ! répond Paul, agacé.

– Lionel Messi avait disputé plus de vingt-cinq matchs de championnat à dix-neuf ans. Je n'en ai joué que trois ! À dix-huit ans, Cristiano Ronaldo avait déjà participé à de nombreuses rencontres avec Manchester United. Pour progresser, je dois être sur le terrain toutes les semaines.

Paul prend sa décision et, en juillet, il signe un contrat de quatre ans avec la Juventus. Les champions d'Italie ont dans leur effectif de grands joueurs tels que Gianluigi Buffon et Andrea Pirlo, mais ils ont besoin d'un meneur énergique et enthousiaste. À Manchester United, Paul portait le numéro 42. La Juventus lui donne le 6.

– Ils croient en moi et c'est tout qui compte, dit-il à Jesse et Ravel en les saluant.

Ces derniers sont tristes, bien entendu, de voir leur meilleur ami partir, mais ils comprennent sa décision.

*Fonce, et deviens une superstar en Italie. Et alors seulement, tu reviendras à Manchester United!*

## CHAPITRE 15

# POGBOOM

– Je suis épuisé ! souffle Paul à son coéquipier et compatriote Nicolas Anelka, après son premier entraînement à la Juventus.

Paul a mal partout, mais quel plaisir de pouvoir se donner à fond. Les séances en Italie sont beaucoup plus longues qu'en Angleterre, avec plusieurs heures de course et de musculation.

Il est encore assez maigre, et le staff souhaite qu'il se renforce rapidement.

– Le football est très physique ici en Italie, lui dit Pavel Nedvěd.

La légende de la Juventus est devenue vice-président du club.

C'est lui qui l'accompagne pendant ses premiers mois chez la « Vieille Dame[1] ».

– Tu as du talent à revendre, mais tu dois aussi t'endurcir !

À Manchester United, Paul passait des heures à regarder Paul Scholes en action. À la Juventus, il a un nouveau maître à jouer : Andrea Pirlo. Comme Scholes, Andrea approche de la fin de sa carrière, mais il reste une superstar.

Pendant l'entraînement, Andrea fait tranquillement circuler le ballon au milieu du terrain, attendant le bon moment. Soudain, il transperce la défense d'une passe éclair en direction de l'attaquant Sebastian Giovinco.

– Je n'ai même pas vu l'appel de Sebastian ! dit Paul à Claudio Marchisio.

– Je sais, je donnerais cher pour avoir sa lecture du jeu, répond Claudio en souriant. Il a des rayons X à la place des yeux !

Comme Scholes, Andrea n'a pas peur de commettre des erreurs. Pour une mauvaise passe, il en réussit neuf

---

*1. Surnom donné à l'équipe de la Juventus de Turin.*

parfaites. Paul a la même confiance en lui ; il doit juste apprendre à lire le jeu comme Andrea.

– Mes nouveaux coéquipiers sont incroyables ! dit-il à sa mère en rentrant. Je m'améliore de jour en jour.

Avec Andrea comme meneur, les autres milieux de la Juventus doivent redoubler d'efforts et quadriller le terrain pour tacler, offrir les bons relais et aussi marquer. Paul est dans son élément.

– Je suis né pour ce poste ! dit-il à Claudio après un match de préparation contre Benfica.

Il attend le début de saison avec impatience.

Pour son premier match en Serie A, Paul joue quatre-vingt-dix minutes. L'ambiance est extraordinaire, et la Juve domine dès le coup d'envoi. Lorsque Fabio Quagliarella inscrit le premier but, Paul se précipite à sa rencontre pour le célébrer en sa compagnie. Il fait déjà partie du groupe.

Paul joue bien son rôle en défense et relance les ballons, mais il veut plus participer en attaque.

– Les fans ne m'ont pas encore vu tirer ! dit-il à Claudio.

– C'est vrai ça, quand est-ce qu'ils pourront eux aussi profiter des super buts que tu mets à l'entraînement ? demande Claudio.

– Très bientôt ! répond Paul du tac au tac.

Contre Naples, son rival, la Juventus mène 1 à 0 à dix minutes de la fin. Un deuxième but serait le bienvenu pour s'assurer la victoire. Sébastian part en course, mais son tir est contré par un défenseur et revient sur Paul, à vingt-cinq mètres du but. Il est dans la position idéale pour une reprise de volée. Il suit le ballon des yeux jusqu'à son pied gauche et frappe en direction du petit filet.

*Booooooooooooooooom !*

*Buuuuuuuuuuuuuuuuuuuuuuuuuuuuuuuuuuuu uuuuuuuuuuuuuuuuuuuuuut !!!*

Paul ne court pas dans tous les sens, il est bien trop cool pour ça. Au lieu de cela, il hoche la tête comme pour dire : « Voilà de quoi je suis capable ! » Il se sent de plus en plus en confiance à la Juventus, surtout en attaque.

Andrea, Claudio et Arturo Vidal sont des milieux de terrain de premier choix, mais le manager Antonio Conte croit beaucoup en Paul.

– Tu ne joueras pas tous les matchs, mais si tu continues à progresser comme ça, il sera difficile de te laisser sur le banc !

Contre Bologne, Paul réalise une belle frappe, qui heurte malheureusement le poteau. Quelques minutes plus tard, sa tête file à côté du but, mais il ne renonce pas pour autant. Au lieu de cela, il offre le premier but à son équipe grâce à une superbe passe en cloche au-dessus de la défense.

– Quelle inspiration ! crie Andrea pendant qu'ils se congratulent.

C'est un super compliment et ça montre à quel point Paul apprend vite. Bologne égalise, mais dans le temps additionnel, Paul inscrit le but de la victoire d'une tête au second poteau.

C'est le match de référence pour Paul, et les journaux italiens ne s'y trompent pas. *La Repubblica* le surnomme

« L'Ouragan » et *La Gazzetta dello Sport* prédit qu'il pourrait être encore meilleur que Patrick Vieira. Paul est ravi de recevoir autant d'éloges, mais il sait qu'il doit beaucoup travailler pour arriver au même niveau que ce grand joueur.

– Les dirigeants de Manchester United doivent s'en mordre les doigts ! plaisante Florentin au téléphone. Il est très fier des progrès de son jeune frère.

Début 2013, la Juventus affronte l'Udinese. À l'approche de la fin de la première période, le ballon revient sur Paul à une quarantaine de mètres du but. La solution de facilité serait de centrer dans la surface, mais Paul aime prendre des risques. Il contrôle en une touche et frappe de l'extérieur du pied droit. Il paraît décontracté, mais en réalité, son tir est d'une puissance phénoménale.

*Boooooooooooooom !*

Avant même que le gardien ait eu le temps de réagir, la balle s'est logée dans la lucarne.

*Buuuuuuuuuuuuuuuuuuuuuuuuuuuuuuuuuuuuuuuuuuuuuuuuuuuuuuuuut !!!*

La célébration de Paul est plus cool que jamais. Il lève les bras en l'air pendant que la foule scande son nouveau surnom :

*Pogboom ! Pogboom ! Pogboom !*

En seconde période, il recommence. Cette fois, il utilise sa technique fétiche pour se débarrasser de deux défenseurs et frapper. Un véritable coup de tonnerre dans le petit filet. Alors que le ballon entre dans la cage, Paul danse comme s'il venait de marquer à la Renardière.

Les fans l'adorent. Avec ses buts sensationnels, sa personnalité et sa coupe mohawk teinte en blond, Paul est le jeune joueur le plus en vue d'Europe. Mais ce qu'il préfère, c'est faire taire les critiques. Il n'a jamais douté de ses propres capacités, mais lors de son transfert, certains observateurs malveillants ont dit qu'il n'avait signé à la Juventus que pour l'argent, ce qui est complètement faux. Si Paul a rejoint la Juventus, c'est pour gagner, gagner, gagner, gagner et devenir une superstar.

## CHAPITRE 16

# L'AVENIR DE LA FRANCE

– Paul Pogba réalise une première partie de saison tonitruante avec la Juventus, rapporte la presse française début 2013.

La grande question est de savoir quand il recevra sa première sélection en équipe nationale.

Paul a joué pour la France dans toutes les catégories d'âge – moins de 16 ans, moins de 17 ans, moins de 18 ans et moins de 19 ans. Lors du championnat d'Europe des moins de 19 ans en 2012 en Estonie, l'entraîneur Pierre Mankowski nomme Paul, capitaine de l'équipe.

– Nous avons besoin d'un leader, lui dit Mankowski. Je sais que tu as tout ce qu'il faut pour nous mener vers la victoire.

Quel honneur pour Paul de porter à nouveau le prestigieux brassard, comme il l'avait fait quelques années auparavant avec les moins de 16 ans. La France a un bel effectif, avec Samuel Umtiti en défense centrale et Geoffrey Kondogbia aux côtés de Paul au milieu de terrain. C'est une équipe athlétique et puissante, et elle vient de se qualifier pour les demi-finales.

– L'Espagne a de très bons buteurs, admet Samuel pendant qu'ils se préparent pour le match. Jesé, Gerard Deulofeu et Paco Alcácer sont en pleine forme.

Paul acquiesce, mais il veut que ses partenaires gardent confiance en eux.

– C'est vrai, mais nous avons d'excellents défenseurs et attaquants. Si on joue notre meilleur football, on peut battre n'importe qui.

Ce sont d'ailleurs les Français qui marquent les premiers en milieu de première mi-temps. Sur un corner, Paul s'élève plus haut que les autres, mais sa tête est déviée. Heureusement, Samuel réagit le premier et pousse le ballon dans le but.

– C'est bien les gars, mais on ne se déconcentre pas ! crie Paul en revenant vers le rond central. Il ne veut pas que ses partenaires se mettent à commettre des erreurs d'inattention.

Après quatre-vingt-dix minutes, les deux équipes sont à égalité 2-2. Dans les prolongations, l'Espagne prend la tête et la France semble proche de l'élimination. Mais Paul n'abandonne pas. C'est dans les grands matchs qu'il aime briller.

Alors que la balle arrive de l'aile gauche, Paul fait une longue course depuis le côté droit jusque dans la surface. Un défenseur repousse le ballon qui va pour sortir en corner, mais Paul étire la jambe et…

*Buuuuuuuuuuuuuuuuuuuuuuuuuuuuuuuuuuuu uuuuuuuuuuuuuuuuuuuuut!!!*

Grâce à leur capitaine, les Français conservent toutes leurs chances. C'est maintenant l'épreuve des penaltys, et Paul est le premier à se présenter devant le gardien de but adverse. Il s'élance, confiant, et il marque!

– Allez, on y est presque! crie-t-il en revenant vers le rond central.

Malheureusement, Samuel et Geoffrey ratent leurs tirs, et c'est l'Espagne qui se qualifie pour la finale. C'est une grande déception pour les Français. Paul déteste perdre, mais il est très fier de ce groupe et de son parcours.

– Gardez la tête haute, on a fait preuve d'un état d'esprit incroyable, dit-il à ses partenaires dans les vestiaires après le match.

Paul adore jouer pour son pays et il est flatté d'entendre les gens dire qu'il devrait être appelé en équipe senior.

– J'attends près du téléphone ! plaisante-t-il avec ses frères.

Florentin et Mathias ont choisi la Guinée, mais Paul préfère la France. Et la convocation ne tarde pas à arriver. Didier Deschamps, l'entraîneur, le sélectionne pour affronter la Géorgie et l'Espagne.

– C'est la meilleure nouvelle de tous les temps ! dit Paul à son père. Je vais jouer avec Franck Ribéry, Karim Benzema et Patrice Evra.

Depuis qu'il a assisté, enfant, à la Renardière, à la victoire de l'équipe de France lors de la Coupe du monde 1998, Paul a toujours rêvé du maillot bleu. Tous les footballeurs rêvent de pouvoir représenter leur pays. Pour la première fois, Paul se sent un peu nerveux en arrivant au centre de Clairefontaine, mais ça ne dure pas longtemps.

– Hey, mais je te connais toi ! plaisante Patrice en lui donnant une accolade.

C'est sympa de retrouver son ancien coéquipier de Manchester.

– Salut, vous vous en sortez sans moi ? blague Paul.

– On est en tête du championnat ! répond Patrice avec un grand sourire.

Paul est déjà satisfait d'être dans l'équipe, mais lorsqu'il apprend qu'il est dans le onze de départ pour le match contre la Géorgie, son cœur bondit dans sa poitrine. Tout va toujours tellement vite dans sa vie. Entrer sur la pelouse du stade de France avec le survêtement bleu, blanc, rouge, c'est l'un des plus beaux moments de sa carrière.

Il joue quatre-vingt-dix minutes, et la France s'impose 3-1. Certains jeunes joueurs auraient pu être effrayés par l'enjeu, mais pas Paul.

– Je n'aime que les grands matchs, dit-il à sa mère. C'est pour ce type de rencontres que je suis devenu footballeur professionnel !

Yeo adore voir son fils si exalté. Après des mois difficiles à Manchester, les choses semblent vraiment s'améliorer pour lui en Italie. Il se sent mieux maintenant qu'il a trouvé un club qui croit en lui.

Paul pense qu'il sera sur le banc pour le second match contre l'Espagne, mais, à sa grande surprise, le sélectionneur l'aligne à nouveau. Contre les champions du monde, Paul joue de façon très disciplinée et vient régulièrement soutenir la défense. Malheureusement, les Espagnols marquent à la soixantième minute.

– On était tellement bien parti, murmure Paul en donnant un coup de pied dans l'herbe.

Paul est vraiment déçu. Il a toujours eu un sacré tempérament, mais il sait aussi se contrôler. Les Français tentent de revenir, mais ils manquent de nombreuses occasions d'égaliser, ce qui l'agace d'autant plus. Il aime la compétition et il ne veut surtout pas perdre à nouveau contre l'Espagne.

À quinze minutes de la fin, Paul reçoit un carton jaune pour une lourde faute sur Xabi Alonso. Cela aurait dû lui servir d'avertissement, mais deux minutes plus tard, il écope d'une deuxième sanction, synonyme d'exclusion, pour tacle en retard sur Xavi.

De retour dans les vestiaires, Paul a honte de son comportement. Il a laissé tomber ses coéquipiers quand ils avaient le plus besoin de lui. Dès la fin du match, il présente ses excuses à ses partenaires et au sélectionneur, qui les acceptent.

– Ne t'inquiète pas, tu es jeune, lui dit Deschamps. Tu as beaucoup à apprendre.

Ce carton rouge, c'est bien la preuve que Paul n'a que vingt ans. Après toutes les louanges qu'il a reçues, cette expulsion le ramène sur terre. C'est un international français désormais, mais il doit encore progresser et gagner en expérience.

CHAPITRE 17

# UN GARÇON EN OR

– On est bien partis pour remporter un deuxième titre de champion d'affilée, déclare Andrea après une nouvelle victoire en Serie A.

Paul aime l'esprit de compétition qui règne à la Juve. Avec Giorgio Chiellini, Andrea Barzagli et Leonardo Bonucci en défense, ils n'encaissent pas beaucoup de buts. En attaque, les passes lumineuses d'Andrea permettent à Claudio, Arturo, Sebastian, Mirko Vucinic et Fabio Quagliarella de marquer. C'est un véritable travail d'équipe, et Paul est fier d'y participer.

– Quand je suis arrivé ici, j'espérais jouer une quinzaine de matchs dans la saison, dit-il à Claudio. Mais j'en suis déjà à près de trente, et on n'est qu'en avril !

L'entraîneur, Antonio Conte, montre une grande confiance en Paul. Le football italien est très exigeant, beaucoup plus tactique que le football anglais. Toutes les équipes sont très bien organisées et laissent peu d'espace aux joueurs pour s'exprimer. Paul doit être patient et exploiter chaque ballon avec intelligence. Heureusement, il est déterminé et il apprend très vite. En un rien de temps, les fans de la Juventus ont adopté « Pogboom ».

En Ligue des champions, la Juventus perd contre le Bayern Munich en quart de finale. Paul a franchi un cap en participant à la plus prestigieuse des compétitions européennes, mais quelle déception de finir sur un 4-0. Alors qu'il quitte la pelouse du stade, Gianluigi Buffon met le bras autour de son épaule.

– Ne t'inquiète pas, lui glisse le gardien vétéran, on reviendra l'année prochaine. Maintenant, on doit gagner le championnat d'Italie !

Conte replace Claudio dans le rôle de numéro 10 derrière l'attaquant, ce qui signifie que Paul est désormais aligné à chaque match au milieu de terrain aux côtés d'Andrea et d'Arturo. C'est une grande responsabilité pour un garçon de vingt ans, mais Paul n'a peur de rien. Il faut dire qu'il est bien entouré. Son jeu s'améliore de jour en jour, tout comme sa précision au tir.

Face à Palerme, la Juve n'a besoin que d'un point pour décrocher le titre. L'ambiance dans le stade est incroyable. Près de 40 000 spectateurs tout en noir et blanc se sont rassemblés pour voir leur équipe gagner. La pression est forte.

C'est une rencontre tendue, mais en deuxième mi-temps, Paul réussit une superbe passe pour Mirko dans la surface de réparation. Le défenseur lui fonce dessus – penalty ! Arturo pose le ballon sur la marque, recule, puis s'élance et prend le gardien à contre-pied. La Juve est en tête.

– On reste dans le match ! crie Gianluigi Buffon depuis son but, alors que ses coéquipiers reviennent dans leur moitié de terrain.

Ils y sont presque. À dix minutes du terme, les Turinois mènent toujours 1-0. Mais, tandis que Paul dribble dans la surface de réparation, un défenseur de Palerme l'écarte violemment le bras, au niveau du visage. Paul est furieux et son tempérament lui attire à nouveau des ennuis. L'arbitre sort un carton rouge et la Juventus est désormais réduite à dix. Au coup de sifflet final, les joueurs de la Juve se congratulent, mais Paul est partagé. D'un côté, il vient de gagner son premier grand titre, mais de l'autre, il a encore laissé tomber son équipe.

– Profite de ce moment ! lui glisse Andrea, en remerciant les fans. Tu penseras à ton exclusion demain.

Deux semaines plus tard, la Juventus est officiellement sacrée championne. Paul est le troisième à entrer sur le terrain et la foule applaudit à tout rompre.

*Pogboom ! Pogboom ! Pogboom !*

Il salue les jeunes mascottes et le public. C'est génial d'avoir cette belle médaille d'or autour du cou. Quelle première saison pour Paul ! Cela va au-delà de ses rêves les plus fous. Les joueurs se tiennent sur deux lignes pour former une haie d'honneur pour Antonio Conte, leur entraîneur. Alors que Gianluigi Buffon, le capitaine, lève le trophée vers le ciel, les feux d'artifice illuminent le stade. Toutes les stars turinoises dansent et se relayent pour soulever la coupe. C'est une belle journée.

*Forza Juve! Forza Juve!*

Mais pas de vacances pour Paul, qui est sélectionné pour la Coupe du monde des moins de 20 ans, en Turquie. Bien qu'il soit désormais un international français à part entière, il est encore assez jeune pour participer à cette compétition. Pierre Mankowski, son ancien entraîneur des moins de 19 ans, est à nouveau le sélectionneur, et il n'y a donc aucun doute quant à l'identité du capitaine.

– Je ne suis venu là que pour une chose : gagner! dit Paul à Geoffrey et Samuel pendant la préparation.

Paul porte le numéro 6, comme à la Juventus. La France retrouve l'Espagne, son grand rival, en phase de poule. L'Espagne l'emporte 2-1, mais la France termine quand même à la deuxième place et se qualifie pour les huitièmes de finale.

– Ce n'est pas le meilleur départ, mais on ne peut que s'améliorer ! dit Paul à ses coéquipiers.

Il est un peu fatigué après sa première longue saison en club, mais il est prêt à tout donner pour remporter un nouveau trophée.

Contre la Turquie, Geoffrey marque très vite, et la rencontre s'achève sur le score de 4-1.

L'état d'esprit est bon, et les Français célèbrent chaque but tous ensemble.

– C'est ça, les gars ! dit Paul à la toute fin du match avec un large sourire sur le visage.

En quart de finale contre l'Ouzbékistan, la France inscrit de nouveau quatre buts et, cette fois, Paul en marque un sur penalty d'une frappe bien placée. Au milieu de terrain, Paul couvre sa défense et organise les relances.

En demi-finale contre le Ghana, le score est de 1-1 à vingt minutes du terme. Paul avance avec le ballon et aperçoit Florian Thauvin sur l'aile droite. Sa passe est parfaite et l'attaquant français s'infiltre dans la surface avant de conclure d'un tir à ras de terre.

*Buuuuuuuuuuuuuuuuuuuuuuuuuuuuuuuuuuuuuuuu uuuuuuuuuuuuuuuuuuuuuuut !!!*

Le Ghana multiplie les tentatives pour égaliser, mais Paul ne ménage pas non plus ses efforts, tout en encourageant ses coéquipiers. Au coup de sifflet final, toute l'équipe crie à l'unisson : « On est en finale ! »

– Oui, mais nous devons gagner maintenant ! répond le capitaine de l'équipe de France.

Paul ne perd jamais de vue ses objectifs.

En finale, après cent vingt minutes, la France est au coude à coude avec l'Uruguay. Paul va parler à chacun de ses partenaires alors qu'ils tentent de reprendre des forces. Il leur tape dans le dos et les motive.

– On est à cinq penaltys de gagner la Coupe du monde ! leur répète-t-il.

Paul tire le premier. Il sait qu'il va marquer. Il n'y a aucun doute dans son esprit.

Lorsque l'arbitre siffle, il avance lentement vers le ballon et prend le gardien à contre-pied. Et tandis qu'il retourne vers la ligne médiane, il encourage les supporters à faire plus de bruit.

L'Uruguay manque ses deux premiers penaltys alors que les Français n'en ratent aucun. Ça y est, c'est fait, ils sont champions du monde ! Toute l'équipe se rassemble pour faire la fête.

– Qu'est-ce que je t'avais dit ? plaisante Paul avec Samuel. J'étais sûr qu'on irait jusqu'au bout !

Paul remporte le titre de meilleur joueur du tournoi, et comme si ça ne suffisait pas, il reçoit le Golden Boy Award 2013. Il est officiellement la jeune superstar européenne du moment.

## CHAPITRE 18

# UN BUTEUR EN OR

Du fait de ce nouveau statut d'étoile montante, Paul fait face à une pression énorme. Il doit soigner chacune de ses sorties. Il s'est fixé des objectifs très élevés et il doit maintenant les respecter. Mais Paul n'est pas inquiet, il a toujours autant confiance en lui.

– Cette saison, je veux marquer plus de buts que la précédente, dit-il à ses frères pendant les vacances. À l'entraînement, mes tirs longue distance sont très précis, mais je dois m'améliorer en match.

– J'en ai inscrit seize pour Crewe l'an passé ! se vante Mathias. Combien en as-tu mis ?

– Seulement cinq, admet Paul. Mais cette année, je vise un nombre à deux chiffres !

Dans la Supercoppa Italiana contre la Lazio, Paul débute sur le banc, mais il remplace Claudio qui s'est blessé après vingt minutes. Deux minutes plus tard, le ballon arrive sur Paul dans la surface de réparation. Il pivote et tire du pied gauche dans le petit filet.

*Buuuuuuuuuuuuuuuuuuuuuuuuuuuuuuuuuuuuu uuuuuuuuuuuuuuuuuuuuuuuut !!!*

Dans les dernières minutes, Paul combine avec Carlos Tevez qui porte la marque à 4-0. Il est finalement nommé homme du match.

– Y a-t-il un prix que tu n'as pas gagné cette année ? plaisante Carlos.

– Oui, la Ligue des champions ! répond Paul aussitôt.

Malgré tous leurs efforts, les joueurs de la Juventus ne parviennent pas à sortir de la phase de poule. Paul est vraiment déçu, mais, comme l'an passé, il se concentre désormais sur le titre de champion d'Italie. Contre Parme, Paul et ses partenaires manquent action après action.

– Ne baissez pas les bras ! crie Paul à ses coéquipiers. Ça va finir par rentrer.

L'ouverture arrive enfin sur un tir de Fabio, qui heurte la barre transversale. Le ballon rebondit dans la surface de réparation, Paul est le premier sur la balle et, avec ses longues jambes, il la glisse en finesse dans le but.

Comme son père avait l'habitude de le dire : « Les meilleurs joueurs ne se contentent pas de marquer des buts, ils marquent des buts importants. » Et, c'est vrai. Zinédine Zidane, le joueur préféré de Paul quand il était enfant, a réalisé des exploits incroyables lorsque son équipe avait le plus besoin de lui. Maintenant, c'est au tour de Paul.

Rien ne peut arrêter la Juventus en ce début de saison. Face à Naples, Andrea porte le score à 2-0 grâce à un formidable coup franc.

– Quoi qu'il fasse, je peux faire mieux ! se dit Paul.

Plus tard dans la partie, Paul reçoit le cuir à trente mètres du but.

*Booooooooooooom !*

Sa reprise de volée est partie comme une fusée. La technique est parfaite et la balle termine sa course dans la lucarne.

*Buuuuuuuuuuuuuuuuuuuuuuuuuuuuuuuuuuuuuuuu uuuuuuuuuuuuuuuuuuuuuuut !!!*

Ce ne sont pas seulement les buts de Paul que les fans aiment, c'est aussi son style. Il change de coupe de cheveux toutes les semaines, il poste des photos et des vidéos amusantes sur Twitter, et il célèbre ses buts avec des danses hip-hop cool.

*Pogboom ! Pogboom ! Pogboom !*

À Noël, Paul n'est qu'à un but de son total de la saison précédente. Face à la Sampdoria, il contrôle le ballon et expédie une frappe puissante dans la lucarne. Un nouveau petit bijou. Ça a l'air si simple quand on le regarde jouer. Paul soulève son maillot pour révéler un message au monde : « R.L.S. CITY BOYS ». C'était le nom qu'ils s'étaient donné à la Renardière quand ils étaient enfants – Paul et ses meilleurs amis : Mamadou, Habib, Nabil et Ounoussou. Il est très fier de là où il vient.

– La question n'est pas de savoir si nous allons remporter le titre, mais quand, dit Paul à Carlos.

L'Argentin connaît un début de saison retentissant. Paul adore jouer avec d'aussi grands buteurs. La Juventus a gagné tous ses matchs à domicile, mais face à Bologne, les Turinois ont du mal à marquer. Une victoire les propulserait vers le titre de champions de Serie A. Paul est une nouvelle fois au cœur de l'action.

Le gardien bloque un de ses tirs et, plus tard, sa tête file au-dessus de la barre transversale. Les tentatives de Paul ne sont pas couronnées de succès, pour le moment, mais cela ne l'empêche pas de continuer.

En seconde période, Arturo passe à Paul à l'extérieur de la surface de réparation. Sur son contrôle, Paul décale le ballon sur la droite, ce qui perturbe le défenseur face à lui. Il voit l'espace et, donc, il tire à ras de terre et fort. Le cuir fuse sur l'herbe et termine sa course dans le petit filet. Paul fait gagner son équipe, encore une fois.

*Buuuuuuuuuuuuuuuuuuuuuuuuuuuuuuuuuuuuuuuuuuuuuuuuuuuuuuuuuuuuuuuuuuut !!!*

– Je n'arrive pas à croire que tu n'aies que 21 ans ! dit Andrea, en lui sautant dans les bras.

Paul fait preuve d'une plus grande maturité et il est devenu l'un des joueurs clés de la Juventus. En plus d'être un bon récupérateur et un bon passeur, c'est également un excellent buteur.

– Je veux être un milieu de terrain complet, déclare-t-il à ses coéquipiers. Un peu de Zizou, un peu de Vieira, un peu de Ronaldinho, un peu de tout le monde !

Paul termine la saison avec un deuxième titre de champion. Il a joué un total de cinquante et un matchs, plus que n'importe quel autre joueur de la Juventus. Il a atteint son objectif de dix buts, et la plupart étaient spectaculaires.

– Tu l'as bien mérité ! lui confie Conte, alors qu'ils célèbrent le titre.

Mais Paul n'a même pas le temps de profiter de ce succès que déjà un nouvel enjeu se dresse à l'horizon : la Coupe du monde 2014 au Brésil.

## CHAPITRE 19

# LA COUPE DU MONDE 2014

– Bonjour à tous ! C'est la famille Pogba. On va gérer le compte de Paul jusqu'à la fin de la Coupe du monde !

Paul a beaucoup de followers sur Twitter, et pendant qu'il est au Brésil, il laisse à sa mère (Mamso) et à ses frères (Le Dos et Ya'Flo) le soin de tenir à jour ses réseaux sociaux. Ils viennent d'ailleurs de publier un dessin cool d'eux quatre réunis.

Paul est l'un des plus jeunes joueurs de l'équipe de France, mais cela n'a pas d'importance. Sa puissance et sa technique sont essentielles pour fournir de bons ballons d'attaque à Antoine Griezmann et Karim Benzema.

– On a besoin de toi pour faire le relais d'un bout à l'autre du terrain, lui dit Patrice. Je commence à me faire vieux, mais toi, tu es en pleine forme !

L'ambiance au Brésil est folle. Le football est partout, et les rues semblent vivre au rythme de la Coupe du monde. Paul aime regarder les gens danser et jouer au ballon sur la plage. Mais l'heure n'est pas à la fête pour lui, car il doit se concentrer et tout donner pour son pays.

La France n'est pas favorite, mais les Français espèrent que leur équipe atteindra au moins les demi-finales, même sans leur meneur de jeu vedette, Franck Ribéry. Paul est confiant, surtout que des légendes telles que Zidane et Vieira sont présentes pour le conseiller.

– On est les outsiders ! dit-il à Patrice. Tout le monde ne parle que de l'Allemagne, de l'Espagne et du Brésil, mais je suis sûr qu'on peut tous les battre.

Pendant ce temps, la famille de Paul diffuse une vidéo des trois frères en train de faire la « Pogdance ». Les gens adorent ce genre de contenu divertissant.

Lors du premier match contre le Honduras, Yohan Cabaye ouvre la marque sur coup franc. De par sa taille, Paul est toujours une menace sur les coups de pied arrêtés. Aussi, quand, plus tard dans la partie, il amortit merveilleusement un ballon de la poitrine, un adversaire le bouscule.

*Penalty!*

Karim le transforme, et la rencontre s'achève sur le score de 3-0.

– C'est un bon début ! déclare le capitaine, Hugo Lloris, dans les vestiaires.

Sur Twitter, Mamso, Le Dos et Ya'Flo ont célébré chaque but, et, à Roissy-en-Brie, tout le monde a encouragé son héros. Paul est remplaçant pour le deuxième match, contre la Suisse, mais il entre à une demi-heure de la fin. La France mène déjà 3-0, mais Paul veut briller pour s'affirmer comme titulaire. L'occasion lui est donnée après quelques minutes sur un ballon venu de la droite. Deux saisons aux côtés d'Andrea lui ont permis d'améliorer sa lecture du jeu. Aussi, lorsque Karim fait un appel dans le dos de la défense, Paul lui délivre une passe étonnante de l'extérieur du pied. Son vis-à-vis tente bien de la bloquer, mais il ne peut que la dévier dans la course de Karim, qui conclut tranquillement : 4-0.

– Quelle passe incroyable ! dit Karim en le serrant dans ses bras.

La France est qualifiée pour le second tour. Tout se déroule comme prévu. La brillante prestation de Paul contre la Suisse lui vaut d'être titulaire aux côtés de Yohan et de Blaise Matuidi au milieu de terrain.

Pendant ce temps-là, la famille Pogba poste un dessin de « Paulverine » prêt à se battre avec ses longues griffes de métal, comme le super-héros de la bande dessinée *X-Men*, Wolverine.

– Désormais, chaque match se joue à élimination directe, rappelle Hugo à ses coéquipiers avant le coup d'envoi contre le Nigeria. Ce sera très serré, on va devoir saisir toutes les opportunités !

À dix minutes de la fin, le score est de 0-0. Paul se dit que le sélectionneur, Didier Deschamps, risque de le remplacer par un attaquant, alors autant profiter des dernières minutes qu'il lui reste. Sur un corner de

Mathieu Valbuena, Paul s'élève dans les airs et, d'une tête puissante, propulse le ballon au fond des filets.

*Buuuuuuuuuuuuuuuuuuuuuuuuuuuuuuuuuuuuuu uuuuuuuuuuuuuuuuuuuuuut !!!*

Les coéquipiers de Paul lui sautent tous dessus. Une fois de plus, il a été décisif.

– C'est du très haut niveau, lui dit Patrice.

Ces éloges venant de joueurs expérimentés comptent beaucoup pour Paul.

– Je suis si fier de mon fils ! tweete Mamso avec une photo de Paul tenant le trophée de l'homme du match.

En quart de finale, la France affronte l'un des favoris, l'Allemagne.

– C'est une grande nation, mais le Ghana et l'Algérie l'ont mise en difficulté, lance Deschamps à ses joueurs avant la rencontre. Si nous jouons aussi bien que nous l'avons fait jusqu'à présent, nous avons toutes nos chances.

Paul est impatient de rentrer sur le terrain. L'équipe n'a eu de cesse de s'améliorer tout au long du tournoi. L'équilibre s'est fait entre les milieux, Blaise et Yohan, et les attaquants, Antoine et Mathieu. Paul est la combinaison gagnante des deux styles.

L'immense stade Maracanã de Rio de Janeiro est rempli de supporters en bleu, blanc, rouge. Il fait très chaud et Paul sent déjà la sueur perler sur son front pendant que l'hymne national français résonne. Il chante les yeux fermés. Il est pleinement dans son match.

– Allez, les gars, on y va ! crie Hugo en claquant fort ses gants.

Malheureusement, le premier but de l'Allemagne leur est fatal. Ce n'est pas le meilleur match de Paul, mais il a fait de son mieux pour aider son équipe avec ses dribbles. Les Français ont plusieurs fois l'occasion d'égaliser, mais grâce à Manuel Neuer, l'excellent gardien allemand, le score reste de 1-0.

Alors que les Allemands célèbrent leur victoire, les Français errent sur le terrain en état de choc. Antoine et Mathieu sont en larmes.

– On a fait une seule erreur dans tout le match ! gémit Paul.

Il est dévasté.

– Je sais, ce n'est pas juste, répond Patrice qui joue probablement sa dernière Coupe du monde. Tu nous vengeras dans quatre ans en Russie.

Paul est satisfait de sa première grande compétition internationale, même si ce n'est évidemment pas l'issue qu'il aurait souhaitée. Après la finale, il est nommé meilleur jeune joueur de la Coupe du monde. Une nouvelle récompense à ajouter à sa collection.

– Je suis de retour, tweete Paul quelques jours plus tard. Ouah, déjà près d'un million de followers ! Merci la #PogFamille !

CHAPITRE 20

# LA FINALE DE LA LIGUE DES CHAMPIONS

– Bienvenue, Tonton Pat !

Paul a un surnom pour tout le monde. Après quelques jours à la Renardière et des vacances à New York, il est de retour à Turin où il retrouve une vieille connaissance.

– Merci, mon pote, lui dit Patrice avec un grand sourire sur son visage. Tu me manquais trop à Manchester, alors j'ai décidé de te rejoindre à la Juventus !

C'est génial d'avoir un nouvel ami près de soi, mais aussi de la famille !

– J'ai signé à Pescara en Serie B ! lui annonce Mathias au téléphone, avec enthousiasme.

Paul est vraiment content pour son frère. Le Dos ne sera qu'à cinq heures de route.

La réputation de Paul ne cesse de grandir, et des clubs européens de premier plan sont disposés à verser de belles sommes pour le recruter. Paul est flatté que Barcelone ou le Real Madrid pensent à lui, mais il n'est pas encore prêt à quitter la Juve.

– On a une très bonne équipe, et je crois vraiment qu'on peut gagner la Ligue des champions cette année, déclare-t-il à son agent, Mino Raiola. Pourquoi est-ce que je m'en irais maintenant ?

Au lieu de cela, Paul signe un nouveau gros contrat avec son club italien et entame sa préparation pour la saison à venir. Il a hâte de se battre pour remporter le triplé – la Serie A, la Coppa Italia et, surtout, la Ligue des champions.

Malheureusement, deux défaites décevantes face à l'Atlético Madrid et l'Olympiakos placent la Juventus dans une position difficile. Elle doit gagner au moins deux de ses trois dernières rencontres pour se qualifier pour le tour suivant.

– On peut faire tellement mieux que ça ! dit Paul à Carlos avant le match retour contre l'Olympiakos.

La Juve marque en premier sur un coup franc d'Andrea Pirlo, mais les Grecs égalisent avant de prendre la tête. Les Italiens reviennent à 2-2 suite à un but contre son camp, mais un nul est insuffisant. Le public ne cesse de les encourager. Les tribunes grondent.

*Forza Juve! Forza Juve!*

Le ballon parvient jusqu'à Paul à l'intérieur de la surface de réparation. Il est dos au but et tente une talonnade vers Carlos. Le défenseur bloque la passe, mais le ballon arrive sur Paul. Cette fois, il est face aux cages et il ajuste le gardien d'une frappe dans le petit filet.

*Booooooooooooom !*

*Buuuuuuuuuuuuuuuuuuuuuuuuuuuuuuuuuuuuuuuuuuuuuuuuuuuuuuuuuut !!!*

La foule est en délire. Ses coéquipiers se précipitent pour le féliciter, mais Paul les esquive tous pour se diriger vers son banc. C'est le but le plus important de sa carrière : grâce à lui, la Juve est toujours en course dans cette Ligue des champions! Paul saute et lève le poing en l'air. Il adore être le héros.

Au deuxième tour, la Juventus bat le Borussia Dortmund 5-1 sur les deux matchs. Carlos marque trois fois et Paul est crédité de deux passes décisives.

– On peut aller au bout ! crie Gianluigi Buffon en célébrant la victoire.

L'état d'esprit dans l'équipe est excellent. Paul manque le quart de finale contre Monaco à cause d'une blessure aux ischiojambiers, mais la Juventus l'emporte 1-0 grâce à un penalty d'Arturo. Elle affronte ensuite le Real Madrid en demi-finale.

– Je dois être en forme pour ce match ! dit Paul au préparateur physique du club.

Il travaille très dur à la salle, mais ce n'est pas suffisant. Paul doit assister depuis les tribunes à la victoire 2-1 de ses coéquipiers à l'aller.

– Bien joué, les gars ! leur dit-il dans le vestiaire. J'aurais tellement voulu être avec vous sur le terrain, mais vous avez vraiment bien joué. Ne vous inquiétez pas, je reviendrai pour le match retour !

Au stade Bernabéu du Real Madrid, la Juventus doit éviter la défaite pour atteindre la finale, mais ça ne sera pas facile. Cristiano Ronaldo, Gareth Bale et Karim Benzema sont de super buteurs. Paul sait qu'il va devoir être à son meilleur niveau, tant en défense qu'en attaque.

Gianluigi Buffon enchaîne arrêt sur arrêt, mais au milieu de la première période, l'arbitre accorde un penalty au Real Madrid. Ronaldo marque : 1-0. La Juventus doit égaliser, sinon elle sera éliminée de la Ligue des champions.

– Pas de panique, dit le manager, Massimiliano Allegri, à la mi-temps. Si on se rue tous à l'attaque, Madrid va nous contrer et ce sera terminé pour nous. On a quarante-cinq minutes pour refaire notre retard, soyez patients.

Paul tente de jouer le plus possible vers l'avant. Sur un coup franc d'Andrea Pirlo repoussé par la défense, Arturo récupère la balle et la transmet en cloche sur Paul, resté dans la surface de réparation. Sergio Ramos s'élance pour l'arrêter, mais Paul utilise sa taille pour remporter le duel de la tête. Il dévie le ballon vers Álvaro Morata, l'attaquant de la Juve. Celui-ci contrôle de la poitrine et bat le gardien madrilène, Iker Casillas, d'une jolie frappe.

*Buuuuuuuuuuuuuuuuuuuuuuuuuuuuuuuuuuuuu uuuuuuuuuuuuuuuuuuuuuut !!!*

– Quelle passe ! crie Andrea Pirlo, tout en félicitant Paul.

La dernière demi-heure est très tendue, mais la Juve tient bon. Au coup de sifflet, ils célèbrent la qualification tous ensemble devant leurs fans. Paul n'avait jamais rien ressenti d'aussi fort.

– Il ne nous reste plus qu'à battre Barcelone ! confie-t-il à Patrice.

Les joueurs de la Juventus arrivent en finale de la Ligue des champions pleins de confiance. Ils ont à nouveau remporté le titre en Serie A et la Coppa Italia. Le doublé c'est génial, mais le triplé, ce serait légendaire. Le FC Barcelone a aussi l'occasion de réaliser le triplé.

– Messi, Suarez et Neymar ont marqué plus d'une centaine de buts à eux trois cette saison ! dit Carlos durant le vol pour Berlin.

– C'est vrai, mais on forme un groupe solide et on travaille tous très dur, répond Paul. Comme toujours, il garde le moral. Il ne va pas falloir avoir froid aux yeux.

Paul rêve de disputer la finale de la Ligue des champions depuis qu'il a cinq ans. En sortant du tunnel pour entrer sur le terrain, il passe devant l'énorme trophée d'argent. Il n'a jamais autant voulu gagner un titre que celui-ci. Le célèbre hymne de la compétition résonne dans tout le stade, Paul a la chair de poule. Il vient de si loin et il n'a encore que vingt-deux ans. Aujourd'hui, Paul est sur la plus grande et la plus belle des scènes et il veut briller.

Barcelone prend l'avantage après seulement quatre minutes, mais les Turinois ne baissent pas les bras. Paul déboule sur l'aile gauche et son centre pour Carlos est presque parfait, mais Barcelone se dégage. Au début de la seconde période, Álvaro égalise.

– Ça part de là ! crie Carlos. On doit en marquer un autre rapidement.

Paul court, encore et encore, mais il n'est pas à son top niveau. Il tire droit sur le gardien en plein milieu du but. Paul joue comme un troisième attaquant. Arturo centre depuis le côté droit, Paul contrôle, mais Dani Alves le bouscule.

– Penalty ! crie Paul, mais l'arbitre fait signe que non.

Il n'arrive pas à y croire. Alors que la Juve continue d'attaquer, inlassablement, Barcelone contre-attaque et Suárez marque 2–1. Paul ne se laisse pas abattre, mais sa tête s'envole au-dessus de la barre. Ce n'est pas son jour. Dans les toutes dernières minutes, Neymar inscrit lui aussi son but et assure la victoire de son équipe.

C'est une défaite difficile à encaisser, mais les Turinois ont fait de leur mieux. Barcelone était tout simplement trop fort ce soir. Lorsque Paul quitte le terrain, il est frustré, mais fier. Il aura beaucoup d'autres occasions de remporter la plus belle des coupes européennes.

## CHAPITRE 21

# LE DAB

Paul adore les États-Unis. Il y va souvent en vacances parce que c'est la patrie des deux choses qu'il préfère en dehors du football : le basket-ball et le rap. Michael Jordan est l'un de ses plus grands héros, et il écoute du hip-hop depuis son enfance à la Renardière avec les R.L.S. City Boys. En devenant célèbre, Paul s'est fait de nombreux amis en NBA et dans le rap. Il publie des photos avec eux sur son compte Instagram, et des vidéos de lui en train de danser ou de mettre des paniers.

De retour à la Juventus pour la saison 2015-2016, Paul est désormais la superstar du club. Andrea Pirlo est parti jouer en MLS, Carlos est retourné en Argentine, et Arturo a signé au Bayern Munich. Il y a beaucoup de pression sur les épaules de Paul, mais il est prêt à s'engager pour l'équipe et à prendre encore plus de responsabilités. Il porte maintenant le maillot numéro 10, et il a une célébration trop cool à montrer à ses followers.

– Regarde ça ! dit Paul à son nouveau partenaire Paulo Dybala alors qu'ils sont assis ensemble dans le bus. Ça s'appelle un « dab ».

– On dirait qu'il est en train d'éternuer ! répond Paulo.

Ça a l'air tellement étrange au début, mais ses fans sur Instagram adorent. Paul a hâte de présenter sa Pogdance lors de son prochain but. Ça fait partie de son style, tout comme ses coupes de cheveux de plus en plus extravagantes. D'abord, il s'est dessiné une étoile sur le crâne, puis des rayures de zèbre et enfin des taches de léopard.

– Je suis comme toi, Mamso, je change tout le temps de coiffure ! plaisante Paul avec Yeo.

Après un début de saison mollasson, la Juve reprend des forces aux alentours de Noël. Paul est le patron du jeu aux côtés de Claudio et du milieu allemand Sami Khedira. Contre Carpi, Claudio récupère la balle dans sa moitié de terrain et voit Paul faire un appel. Il lui transmet la balle à l'aide d'une longue passe incroyable et Paul se retrouve seul face au but. Il contrôle le ballon de la poitrine et alors que le gardien bondit vers lui pour bloquer le tir, Paul le glisse dans les filets.

*Buuuuuuuuuuuuuuuuuuuuuuuuuuuuuuuuuuuuuu uuuuuuuuuuuuuuuuuuuuuut !!!*

Paul a trébuché après avoir marqué, mais il s'est tout de suite relevé et a couru vers la tribune. C'est l'heure du dab. Il fait tomber sa tête dans le creux de son bras et lève l'autre vers le ciel. Il fait cela avec le bras droit, puis le gauche et ajoute quelques pas de danse supplémentaires.

Après ce match, il décide de le faire à chaque but et bientôt Paulo Dybaa se met à l'imiter.

– Ils nous appellent « les frères Dab » ! rit Paul.

Les deux jeunes stars forment un super duo en attaque.

D'autres footballeurs font aussi le dab. Jesse Lingard, l'ami de Paul à Manchester United, adore et a été le premier à le faire en Premier League. Le buteur d'Everton,

Romelu Lukaku, un autre copain de Paul, s'est également joint à l'aventure. Même s'il ne joue plus en Angleterre, Paul y a toujours une grande influence.

– Qu'est-ce que tu veux que je te dise. Je suis un précurseur ! plaisante-t-il avec Jesse au téléphone.

Paul n'est pas un de ces joueurs ennuyeux et silencieux, ça ne l'intéresse pas. C'est une superstar avec de la personnalité et du style. En janvier 2016, Paul est choisi pour faire partie de l'équipe mondiale de l'année de la FIFA aux côtés de Messi, Ronaldo et Neymar. C'est un grand honneur pour lui, et il est même invité à la prestigieuse cérémonie de gala en Suisse. Les autres joueurs sont accompagnés de leur femme ou de leur petite amie, mais Paul a une meilleure idée en tête.

– Maman, tu viens avec moi ! annonce-t-il à sa mère au téléphone.

Ils s'amusent beaucoup ce soir-là à déambuler ensemble sur le tapis rouge, d'autant plus que Paul a choisi une tenue flashy pour l'occasion. Tous portent des costumes élégants et sombres, mais pas Paul. Il arrive avec une veste en velours noir recouverte de feuilles couleur or et arbore une paire de lunettes à la mode. Tout le monde ne parle que de lui et il adore ça.

– Viens faire le dab avec moi ! dit-il au légendaire joueur hollandais Edgar Davids. C'est pour Instagram !

Paul aime divertir ses fans, mais il ne cesse jamais de travailler dur pour autant. Il poste des vidéos de ses séances de musculation et il est toujours l'un des derniers à quitter l'entraînement. Côté terrain, Naples et l'AS Rome sont en course pour le titre, mais la Juventus est la plus forte. Contre l'AC Milan, elle est à égalité 1–1, mais un point ce n'est pas assez, il lui en faut trois. Elle multiplie les tirs et Paul frappe même la barre sur un coup franc incroyable.

– Patience, ça va venir, dit-il à Sami Khedira. Ça va rentrer.

Sur un corner au second poteau de Claudio, Paul amortit le ballon de la poitrine. Les défenseurs le pressent, mais il lui suffit d'étirer sa longue jambe vers la balle pour la pousser dans le but. Il ne fait pas de dab cette fois, il est tout simplement ravi d'avoir marqué un but aussi important.

– C'est le quatrième titre de Serie A d'affilée ! dit Paul au coup de sifflet final.

Il a maintenant un rôle plus offensif et créatif. Il aime être au centre du jeu et faire vivre la balle. Avec son rythme et sa puissance, il a passé son match à courir d'un bout à l'autre du terrain. Il peut tout faire, et ça fait de lui un joueur très difficile à contrer. Paul a marqué huit buts en championnat et, plus important encore, il a terminé la saison avec douze passes décisives. C'est le meilleur meneur de jeu d'Italie.

Malgré la perte de trois joueurs clés pendant la trêve, la Juventus version 2015-2016 a encore une fois remporté le doublé coupe-championnat. Paul est la superstar de l'équipe, mais il n'est pas pleinement satisfait.

– J'ai beaucoup à apprendre, dit-il à Mino Raiola pendant l'été. Je veux être le meilleur et j'en suis encore loin.

– Tu n'as que vingt-trois ans ! répond son agent, mais Paul ne l'écoute déjà plus.

Son ambition n'a pas de limites.

CHAPITRE 22

# L'EURO 2016

– La pression est forte, mais on doit gagner ! dit Paul à Patrice lors du rassemblement en vue de la préparation pour l'Euro 2016.

Le tournoi se déroulant à domicile, la France est favorite. L'équipe est composée de jeunes talents tels que Paul et Antoine Griezmann, des stars plus expérimentées comme Patrice Vieira et Olivier Giroud, et des joueurs en pleine force de l'âge comme Dimitri Payet. C'est un bon cocktail pour réussir.

– Oui, tout le pays a les yeux rivés sur nous, répond Patrice.

Le match d'ouverture contre la Roumanie est très serré. La France joue bien, mais ses adversaires défendent en bloc. À la mi-temps, le score est toujours de 0-0, mais Paul sait qu'il doit être patient.

– On va finir par marquer ! dit-il à ses partenaires dans les vestiaires.

Paul a raison. En seconde période, Olivier Giroud reprend de la tête un centre de Dimitri Payet et inscrit le premier but des Français. Le stade explose. Les drapeaux français fleurissent dans les tribunes. Paul est le premier à féliciter Olivier, et bientôt toute l'équipe se congratule.

Quelques minutes plus tard, la Roumanie égalise sur penalty. La France se dirige vers un nul décevant, mais Dimitri Payet a de la ressource. Il place un superbe tir de l'extérieur de la surface en plein dans la lucarne. C'est un final époustouflant, les Bleus ont les trois points qu'ils étaient venus chercher.

– On voulait la victoire, c'est le principal pour nous, déclare le capitaine Hugo Lloris à la presse à la fin du match. L'équipe fait preuve d'un bel état d'esprit. Mais nous devons faire beaucoup mieux la prochaine fois.

Paul est déçu de sa propre performance. Il a bien distribué le jeu et il a même failli marquer d'une superbe reprise de volée, mais il doit hausser son niveau de jeu. Avec des joueurs comme Anthony Martial et Moussa Sissoko sur le banc, Paul doit être le meilleur milieu relayeur possible.

– C'est le moment de briller, dit-il à Antoine Griezmann. Je veux montrer au monde que je peux faire de belles choses dans de grandes compétitions, comme Vieira et Zidane avant moi.

– Moi aussi. L'avantage, c'est qu'on est une vraie équipe, répond son ami et partenaire. Si ça ne passe pas de notre côté, Olivier et Dimitri viendront s'en mêler !

Paul est sur le banc pour le deuxième match, contre l'Albanie, mais il entre en jeu à la mi-temps. Ses percées en attaque permettent aux Français de progresser, mais une nouvelle fois, les bleus restent bloqués à 1-1. Ils ont besoin de marquer et, cette fois, c'est Antoine qui enfile le costume de héros avec une tête bien placée.

À la dernière minute, Paul récupère le ballon dans sa moitié de terrain. Il lève les yeux et repère l'appel d'Olivier sur l'aile gauche. Il glisse en la donnant, mais la passe est absolument parfaite. Olivier part en dribble vers le but, et Dimitri conclut la contre-attaque d'une belle frappe.

– Cette passe était Pirlo-esque ! crie Olivier dans le stade en délire.

Paul aime être comparé à l'un de ses héros. Il a travaillé dur et il a beaucoup appris d'Andrea. C'est bon de voir que ça paie vraiment.

Au deuxième tour, la France rencontre la République d'Irlande, et le match débute mal pour les Bleus.

Alors que Paul est au duel avec Shane Long dans la surface, il laisse traîner l'une de ses longues jambes et fait chuter l'attaquant.

Penalty !

La France est menée 1-0 et c'est la faute de Paul.

– Ne t'inquiète pas, dit Patrice, en mettant le bras autour de l'épaule de Paul. Il nous reste encore beaucoup de temps pour revenir au score !

Paul fait de son mieux pour réparer son erreur. Il distribue le jeu, crée de nombreuses occasions et manque de peu de marquer sur un coup franc. Finalement, c'est Antoine qui égalise de la tête en seconde période.

– Merci ! lui dit Paul pendant qu'ils célèbrent le but. Mais maintenant, on doit le gagner, ce match.

Trois minutes plus tard, le défenseur central, Adil Rami, joue un long ballon vers Olivier Giroud qui, de la tête, le dévie dans la course d'Antoine. Ce dernier dribble vers le but et ajuste calmement le gardien. Antoine a sa propre danse pour fêter ses buts, bien qu'elle ne soit pas aussi cool que le dab.

– Qu'est-ce que c'est gênant ! plaisante Paul.

Il est vraiment content qu'Antoine fasse un si bon match, mais il aurait voulu être plus performant.

En quart de finale contre l'Islande, Paul sait qu'il doit faire mieux. Olivier marque une première fois puis, sur un corner d'Antoine, Paul saute haut et place une tête puissante dans la lucarne.

*Buuuuuuuuuuuuuuuuuuuuuuuuuuuuuuuuuuuuuu uuuuuuuuuuuuuuuuuuuuut !!!*

Quel soulagement pour Paul d'apparaître enfin sur le tableau d'affichage. Et c'est le meilleur moyen de retrouver la confiance. Dimitri et Antoine corsent l'addition à 4-0 à la mi-temps. Le match se termine sur le score de 5-2, et les Français se qualifient pour les demi-finales.

– Quel match ! crie Hugo. Tout a admirablement fonctionné. On doit jouer aussi bien contre l'Allemagne.

Et en effet, la France poursuit sur sa belle lancée contre l'Allemagne et obtient même un penalty en première période, pour une main d'un défenseur. Antoine pose son ballon, s'élance et prend le gardien à contre-pied. 1-0 !

Le stade Vélodrome de Marseille explose. La France n'est plus qu'à quarante-cinq minutes de la finale.

– Il faut continuer à jouer et à bien vous replier, dit Didier Deschamps à ses joueurs, mais essayez de marquer un deuxième but si vous le pouvez.

En seconde mi-temps, l'Allemagne tente de percer la défense française, mais les Bleus ne se laissent pas faire.

À la soixante-douzième minute, Paul se bat pour récupérer un ballon dans la surface. Olivier n'est pas loin et il appelle le ballon. Seul face à son vis-à-vis, Paul temporise. C'est le moment de montrer l'étendue de son talent. Après deux passements de jambe, il surprend son adversaire et centre sur Olivier, mais Manuel Neuer, le gardien de but, dégage le ballon du poing. Celui-ci retombe au point de penalty sur Antoine, qui n'a plus qu'à la pousser au fond des filets. 2-0 ! La France se dirige tout droit vers la finale, et Paul a été déterminant.

– Ce dribble était magique ! dit Antoine à Paul après le match.

Il est heureux de voir son coéquipier retrouver son niveau de jeu – juste à temps pour le plus grand match de tous. Après avoir perdu la finale de la Ligue des champions en 2015, Paul veut ce titre plus que tout. Mais le Portugal, avec Ronaldo, Nani et sa nouvelle star, Renato Sanches, est un adversaire de poids.

En première mi-temps, Ronaldo se blesse, mais le Portugal ne baisse pas de rythme pour autant. Au contraire, les Portugais sont encore plus déterminés à gagner. Pour la première fois depuis le début du tournoi, Paul, Antoine, Dimitri et Olivier peinent en attaque. Après quatre-vingt-dix minutes de jeu, le score est toujours de 0-0.

– On va avoir besoin d'un coup de pouce du destin, dit Deschamps à son équipe, qui semble donner des signes de fatigue. On ne veut surtout pas que le match se termine aux penaltys.

Paul court d'un bout à l'autre du terrain, mais il ne parvient pas à trouver l'ouverture. À la cent dixième minute, les Portugais font entrer Éder, qui, sur son premier ballon, marque un but miraculeux de vingt-cinq mètres. Sa frappe est passée à quelques centimètres des mains d'Hugo Lloris.

Pour la France, c'est la fin d'un rêve, du moins jusqu'à la Coupe du monde 2018. Alors qu'il quitte le terrain au coup de sifflet final, Paul est dévasté. Ce n'était pas son meilleur tournoi, mais il en retire de précieux enseignements. Il devra encore attendre pour son premier grand titre dans une compétition internationale.

CHAPITRE 23

# ENFIN RÉUNIS

– José Mourinho veut que tu reviennes à Old Trafford ! dit Mino Raiola à Paul.

Pour Paul, qui se reposait aux États-Unis après la déception de l'Euro, c'est une super nouvelle. Cela l'oblige à réfléchir à sa situation actuelle. Après quatre saisons à la Juventus, le moment est-il venu de relever un nouveau défi ? Il a tout gagné en Italie.

– Je veux remporter la Ligue des champions, dit Paul à sa mère, et je ne suis pas sûr de pouvoir le faire à la Juve.

– Mais est-ce que Manchester United te permettra de le faire ? répond Yeo.

Le Real Madrid, un grand d'Europe, est également intéressé par le profil de Paul et son entraîneur n'est autre que son héros d'enfance, Zinédine Zidane. Zizou avait dit de lui dans le passé qu'il était « un joueur complet », le meilleur compliment qui soit.

– Et est-ce que tu veux retourner à Manchester United ? poursuit Yeo. J'ai toujours pensé que tu n'étais pas allé au bout de ton histoire là-bas, mais tu dois être sûr que c'est le bon choix.

Malgré le transfert controversé à la Juventus, Paul conserve d'excellents souvenirs de son passage à Manchester United quatre ans plus tôt. Il y a encore beaucoup d'amis, comme Jesse et Adnan, et il s'y sent vraiment chez lui.

– S'ils avaient davantage cru en moi à l'époque, je ne serais jamais parti, conclut Paul.

Paul garde un goût d'inachevé vis-à-vis de ses années en Angleterre. Manchester United n'est pas qualifié en Ligue des champions, mais avec Mourinho à sa tête, le club peut revenir sur le devant de la scène. Le manager portugais a un projet ambitieux et les moyens financiers pour signer les meilleurs des meilleurs.

– Je construis une équipe pour l'avenir, dit Mourinho à Paul, et je veux que tu sois mon milieu de terrain.

C'est une offre très tentante. En attaque, Manchester United aligne Wayne Rooney et les jeunes stars Marcus Rashford et Anthony Martial, mais il leur manque un meneur. Paul aurait la maîtrise du jeu et pourrait se lancer dans de grands mouvements offensifs, comme il en a le secret.

– Je ferai de toi le meilleur milieu de terrain du monde. Tu peux prendre les rênes du jeu de Manchester United pour les dix prochaines années, ajoute Mourinho.

Paul aime l'attitude positive du nouvel entraîneur mancunien et ce dernier n'est pas le seul à essayer de le convaincre de revenir. Jesse lui envoie beaucoup de SMS et, pendant qu'il était à Los Angeles, Paul a rencontré Zlatan Ibrahimović. Il a beaucoup de respect pour l'attaquant suédois et tous deux partagent le même agent.

– Je signe à Manchester United et tu viens avec moi ! lui dit Zlatan avec un grand sourire. Ensemble, on va conquérir la Premier League. Tu vas adorer José Mourinho, c'est le coach parfait pour toi. J'ai dit à Mino Raiola que ta place était à Old Trafford.

Les rumeurs de transfert se poursuivent tout l'été. Tout le monde en parle. Des légendes de Manchester United telles que Ryan Giggs, Paul Scholes et Rio Ferdinand ont tous dit que l'arrivée de Paul serait un grand événement pour le club. Sur Twitter, le hashtag #pogback est très populaire.

Lorsque Mourinho a déclaré en conférence de presse que Manchester United espérait encore signer un joueur cet été, tous les fans ont croisé les doigts pour que ce soit « la plus grosse erreur de Ferguson », comme ils l'appellent.

La décision de Paul est prise, mais les négociations durent... Combien d'argent la Juventus réclame-t-elle et combien Manchester United est-il prêt à en donner ?

– Pourquoi est-ce que c'est si long ? demande Paul à Mino Raiola.

Il a hâte d'officialiser son arrivée.

– Sois patient, on y est presque, lui dit son agent.

Enfin, au début du mois d'août 2016, le transfert est achevé. Qui dit « signature de superstar », dit « annonce de superstar ». Manchester United poste donc une vidéo où Paul se tient debout dans l'obscurité, le visage dissimulé sous une capuche. Lentement, alors qu'il la relève, un détail apparaît. Paul s'est rasé l'insigne du club sur le côté du crâne et il l'a teint en blond.

« Je suis de retour » annonce Paul et le mot *REUNITED*[1] s'affiche sur fond noir.

Paul n'oublie pas les fans de la Juventus qui l'ont suivi pendant toutes ces années : « Je porterai toujours la Juventus dans mon cœur et je regretterai toujours, j'aimerai toujours et je serai toujours reconnaissant envers le club, l'équipe et surtout les supporters, pour leur soutien. » Ce n'est pas facile pour Paul de tourner le dos à la Juventus, mais il est temps de rentrer en Angleterre.

– Je sens qu'ici, je peux réaliser mes rêves, déclare Paul en conférence de presse avec le nouveau maillot mancunien floqué de son numéro 6 fétiche.

Le montant de son transfert de 105 millions d'euros fait de Paul l'un des joueurs les plus chers au monde. Ça met la pression ! Mais il essaie de ne pas trop y

---

1. Reunited *signifie « réuni » en anglais, mais c'est aussi un jeu de mots pour signifier que Paul est à nouveau à Manchester United.*

penser. Il se concentre sur le jeu et sur son objectif de ramener le club sur le devant de la scène européenne.

– Bienvenue parmi nous ! lui glisse Jesse en le serrant dans ses bras quand il arrive à l'entraînement pour la reprise. Manchester City, Chelsea et Arsenal n'ont qu'à bien se tenir !

Paul fait son grand retour à Old Trafford contre Southampton. Alors qu'il sort du tunnel, les supporters des Red Devils sont tous debout et clament son nom. Paul est partout – il dribble, passe, tacle, tire. Avec Paul au centre du jeu, les joueurs de Manchester United semblent redoubler d'énergie. Les fans aiment la dynamique qu'il insuffle au sein du groupe.

Sur un centre de Wayne Rooney dans la surface, Paul saute, mais il ne réussit pas à frapper le ballon. Heureusement, Zlatan est à la réception et l'expédie au fonds des filets.

– Et ce n'est que le début ! dit Zlatan en célébrant son but avec ses coéquipiers.

Quelques semaines plus tard, Paul inscrit son premier but contre Leicester City, et Manchester s'impose 4-1.

Il ressent beaucoup de fierté à ce moment-là. Il est si content d'être de retour. Que d'aventures il aura vécues, parti de France pour l'Angleterre, puis d'Angleterre en Italie, avant de rentrer en Angleterre. Il a quitté Manchester United en tant que jeune joueur prometteur et il est revenu quatre ans après en superstar. Il a encore beaucoup à prouver en Premier League, mais Paul est impatient de relever le défi.

Avec ce mélange de puissance, d'ambition, de style et de technique qui le caractérise, rien ne peut arrêter le garçon de la Renardière.

## Chapitre 24

# CHAMPIONS DU MONDE !

La première saison de Paul à Manchester United s'est achevée par un double succès. Après avoir soulevé la League Cup en février, il a marqué le premier but de la finale de l'Europa League 2017 contre l'Ajax. Un an, deux trophées.

– Et ce n'est que le début ! promet Paul à Jesse et Marcus, ses meilleurs amis, tandis qu'ils célèbrent leur victoire dans le stade de Solna, dans la banlieue de Stockholm.

Lors de sa deuxième saison, en revanche, le bilan est beaucoup moins bon. Manchester United termine deuxième de la Premier League, à 19 points de son rival, Manchester City. Pour Paul, c'est une année particulièrement frustrante. D'abord, il s'est blessé à la cuisse en septembre puis, à son retour, il a dû se battre pour retrouver son meilleur niveau. Il y a eu des éclairs de génie, mais il y a aussi eu trop de passes ratées et de gestes techniques approximatifs.

– Ils se débrouillent mieux sans moi, se lamente Paul lorsque Mourinho le remplace contre Newcastle.

Ce n'est pas tous les jours facile d'être à la hauteur des attentes du club, qui a déboursé 105 millions d'euros pour le recruter. Paul a parfois l'impression que les fans attendent de lui qu'il fasse tout : défendre, attaquer, aider les autres et surtout marquer.

– Mais je ne suis qu'un simple joueur, se plaint-il à ses frères, je ne peux pas *tout* faire !

Paul est en difficulté dans son club. Heureusement il continue de briller en équipe nationale. Et à la fin de la saison 2017-2018, il a l'occasion de retrouver de sa superbe lors de la Coupe du monde en Russie !

Paul est impatient de jouer le premier match. Cette fois, il est déterminé à remporter sa première médaille internationale. Lors de sa première Coupe du monde en 2014, il avait remporté le titre de meilleur jeune joueur, mais la France avait été éliminée en quart de finale. Deux ans plus tard, les Bleus avaient atteint la finale de l'Euro 2016, avant de perdre contre le Portugal de Cristiano Ronaldo. Cette défaite reste gravée dans sa mémoire, mais la bonne nouvelle, c'est que l'équipe de France est plus compétitive que jamais.

En défense, Raphaël Varane, du Real Madrid, et Samuel Umtititi, du FC Barcelone, ont pris la relève.

– Ne vous inquiétez pas, on ne laissera rien passer, déclarent-ils, confiants, à leurs coéquipiers.

En attaque, la France joue désormais avec Kylian Mbappé, l'un des jeunes joueurs les plus rapides de la planète.

– Avec sa vitesse, le talent de Grizi et ma puissance, renchérit Olivier Giroud, leur attaquant, on est imbattables.

Paul peut maintenant compter sur le milieu de terrain, N'Golo Kanté, qui récupère le ballon comme personne. N'Golo court tellement vite qu'on a parfois l'impression qu'il se trouve en même temps à deux endroits différents du terrain ! Leur tandem fonctionne à merveille. Paul est libre de faire ses grandes courses vers l'avant, sans craindre pour le repli défensif.

L'équipe de France fait figure de favorite pour gagner la Coupe du monde. Pourquoi pas ? Les Bleus ont déjà conquis ce titre il y a vingt ans, grâce à deux buts de Zinédine Zidane, le héros d'enfance de Paul. Ce 12 juillet 1998, Didier Deschamps était capitaine de l'équipe de France. Il est désormais sélectionneur.

– On y va ! dit Paul à ses coéquipiers alors qu'ils entrent ensemble sur le terrain pour leur premier match, contre l'Australie.

Mais en première mi-temps, la France ne trouve pas l'ouverture. Ni le coup franc puissant de Paul ni la frappe inspirée d'Antoine n'ont pu pénétrer la muraille australienne.

– Soyez patients, les exhorte Deschamps dans le vestiaire. Ça va finir par rentrer !

En effet, à la cinquante-huitième minute, les Français marquent sur un corner d'Antoine Griezmann. Mais quatre minutes plus tard, l'Australie égalise sur un penalty.

1-1 !

Les Bleus ne peuvent pas se contenter d'un match nul, ils sont venus pour gagner !

C'est l'occasion pour Paul de faire ses preuves, surtout après sa mauvaise saison à Manchester United. Les coupes de cheveux extravagantes ont disparu ; il se concentre uniquement sur le football. Il multiplie les actions pour créer l'étincelle qui scellera la victoire de la France.

Ainsi, il se lance dans un une-deux intelligent avec Kylian, puis un autre avec Olivier. Paul est maintenant à la limite de la surface, à portée de tir, il ne lui reste plus qu'à battre son défenseur et... *BOOM !*

Le tir de Paul passe au-dessus de la tête du gardien, s'écrase sur la barre transversale, avant que le portier australien ne la bloque. Mais attendez une seconde, la balle n'a-t-elle pas franchi la ligne ?

– But ! crie Paul en agitant frénétiquement le bras.

L'arbitre valide le but, et l'assistance vidéo aussi. 2-1 pour la France !

*Buuuuuuuuuuuuuuuuuuuuuuuuuuuuuuuuuuuuuuuuuuuuuuuuuuuuuuuuut !!!*

– Bien joué, Pogboom ! le félicite Olivier, en le soulevant dans les airs.

Paul vient de sauver son équipe et, soudain, il joue avec beaucoup plus de confiance.

Cinq jours plus tard, contre le Pérou, il récupère le ballon au milieu de terrain et glisse une passe rapide à Olivier. Son tir, dévié par un défenseur, lobe le gardien et atterrit dans les pieds de Kylian, qui n'a plus qu'à pousser la balle dans les filets. 1-0 !

Les Français assurent l'essentiel, ils sont qualifiés pour les huitièmes de finale !

Prochaine étape : l'Argentine. Bien que les Sud-Américains aient éprouvé des difficultés jusqu'à présent, les Bleus devront se méfier de Lionel Messi et d'Ángel Di María.

– Allez les gars ! crie Paul au moment du coup d'envoi dans le stade de Kazan.

C'est l'un des matchs les plus excitants du tournoi : France 4, Argentine 3. Cette fois, Kylian a brillé en inscrivant deux buts et en obtenant un penalty sur une accélération foudroyante.

– On va la gagner, cette Coupe du monde ! prédit Paul pendant que ses coéquipiers célèbrent leur victoire.

L'équipe de France joue en totale symbiose, ce qui la rend vraiment irrésistible.

Mais le chemin est encore long jusqu'à la finale. La France doit d'abord remporter les quarts de finale, ce qu'elle n'avait pas réussi à faire en 2014. À l'époque, elle avait affronté l'Allemagne, aujourd'hui, elle fait face à l'Uruguay. Une équipe solide en défense et qui peut compter sur Luis Suárez en attaque.

Mais en fin de compte, les Français sont les plus forts. Raphaël Varanne dévie de la tête un coup franc habile d'Antoine.

1-0 !

Le tir d'Antoine transperce les gants du gardien.

2-0 !

– Bien joué, Grizi ! s'écrie Paul en passant le bras autour de l'épaule de son ami. Demi-finales, nous voilà !

La France n'est plus qu'à deux matchs du plus beau des titres. Mais il reste deux équipes sur son chemin.

Tout d'abord, elle doit se défaire de la Belgique, qui est l'une des meilleures formations du moment :

Thibaut Courtois dans les buts.

Vincent Kompany et Toby Alderweireld en défense.

Kevin De Bruyne et Marouane Fellaini au milieu de terrain.

Eden Hazard et Romelu Lukaku, un bon ami de Paul, en attaque.

– J'espère que tu es prêt à perdre, le taquine Romelu, son coéquipier à Manchester, avant le match.

– Pas question, répond Paul, c'est nous qui irons en finale !

Mais le jour venu, les sourires s'effacent. Il est temps de passer aux choses sérieuses, leurs pays respectifs comptent sur eux. Pendant l'hymne national français, Paul se tient les yeux fermés et se concentre sur son rêve de Coupe du monde. *On y est presque !* se répète-t-il.

C'est un match serré qui se dispute dans le stade de Saint-Pétersbourg. Très tôt, les Belges saisissent les meilleures occasions. Le tir de Hazard passe juste au-dessus de la barre, puis Hugo Lloris effectue un arrêt face à De Bruyne.

La France est-elle en difficulté ? Non, car Paul répond présent et permet à son équipe de revenir dans la partie. Il se bat héroïquement d'un bout à l'autre du terrain. Chaque fois qu'il récupère le ballon, il est dangereux, comme s'il pouvait trouver la solution à chaque instant.

Paul lève la tête et réalise une belle passe en direction de Kylian qui centre, mais le ballon n'arrive pas jusqu'à Olivier.

– Arghhhh, soupirent les supporters français, déçus.

– C'est pas grave les gars, on continue ! lance Deschamps depuis la ligne de touche pour encourager ses joueurs.

À la mi-temps, le score est toujours de 0-0. Quel pays finira la course en tête : la France ou la Belgique ? C'est impossible à dire !

Finalement, le but de la victoire est inscrit à la cinquante-deuxième minute. Sur un corner enroulé d'Antoine dans la surface de réparation, le ballon passe au-dessus de la tête de Paul et arrive sur Samuel, qui la dévie dans le but belge.

1-0 pour la France !

Alors que le public hurle de joie, Samuel et Paul dansent ensemble. L'équipe de France possède des joueurs aussi drôles que talentueux.

– C'est bien, mais on reste concentrés ! leur crie Deschamps depuis la ligne de touche.

Les quarante minutes qui suivent sont éprouvantes, mais Paul et ses coéquipiers tiennent bon. Au coup de sifflet final, ils se serrent dans les bras et se félicitent. La France jouera la finale de la Coupe du monde 2018 – quel exploit !

– Allez les Bleus ! Allez les Bleus ! Allez les Bleus ! chantent les fans dans le stade.

Leur équipe peut aller jusqu'au bout, ils en sont persuadés.

Mais les joueurs gardent les pieds sur terre.

– C'est génial, mais ce n'est pas terminé, déclare Paul sur Instagram.

Ils ont encore une finale de Coupe du monde à gagner, mais quelle équipe vont-ils affronter ? Ce ne sera pas l'Angleterre comme Paul l'espérait. Il ne jouera pas contre Jesse et Marcus, ses coéquipiers de Manchester United. La France rencontrera la Croatie de Luka Modrić et son ancien coéquipier de la Juventus, Mario Mandžukić.

En balayant du regard le vestiaire de l'équipe de France, Paul se sent fier et confiant. Il y a tant de superstars, tant de joueurs fantastiques à tous les postes. Mais le plus important, ce qui les relie, c'est qu'ils ont travaillé dur pour atteindre leur objectif.

La Coupe du monde prend une nouvelle dimension pour Paul. Depuis le début de la compétition, il fait la démonstration de ses qualités techniques et de ses talents de meneur. Il n'est pas capitaine, mais juste avant que l'équipe n'entre sur le terrain, il leur délivre un discours inspirant :

– On est à quatre-vingt-dix minutes de s'inscrire dans l'histoire du football. Ce titre est pour nous, on ne peut pas laisser une autre équipe nous le ravir. Je veux qu'on entre sur le terrain en guerriers, et qu'on en ressorte avec des larmes de joie et non de tristesse.

Un énorme « Ouais ! » résonne dans le sas.

Paul aimerait répéter la belle performance qu'il avait réalisée en finale de l'Europa League 2017 avec Manchester United. Il fait un excellent tournoi, mais il voudrait terminer sur une bonne note, avec une passe décisive ou, mieux encore, un but...

La première mi-temps se déroule en dents de scie. À la mi-temps, le score est de 2-1 en faveur de la France, grâce à un but contre son camp de Mario Mandžukić, puis à un penalty d'Antoine.

– Continuez, le match n'est pas encore fini, déclare Deschamps à ses joueurs. On doit se mettre à l'abri avec un troisième but !

Paul reçoit cette consigne comme si elle lui était adressée directement. Le sélectionneur a raison, il est temps pour lui de passer à l'action et de marquer pour la France...

Depuis l'aile droite, Kylian part en dribble vers le but. Il efface un premier défenseur croate, mais très vite il se retrouve entouré de maillots rouge et blanc. Il centre en retrait sur Antoine, qui décale à Paul à l'entrée de la surface de réparation. Les superstars françaises combinent les mouvements à merveille.

– Tire ! Tire ! crie le public.

La passe d'Antoine est parfaite. Paul sait que son heure de gloire est arrivée et il frappe une première fois du pied droit.

*BOOM !*

Son tir à ras de terre heurte le pied d'un défenseur croate, mais la balle revient directement sur lui. Paul a une deuxième chance et, cette fois, il décide de frapper du pied gauche. Le ballon termine sa course dans les filets avant même que le gardien ait pu faire un geste.

*Buuuuuuuuuuuuuuuuuuuuuuuuuuuuuuuuuuuuu uuuuuuuuuuuuuuuuuuuuuuut !!!*

Quelle frappe, quelle action décisive ! Paul fait désormais partie des héros de cette finale. Il court vers les supporters, les bras écartés, comme pour dire : regardez ce que je viens d'accomplir pour vous !

– Woooooooooo ! crie-t-il par-dessus les hurlements de la foule.

Il n'a jamais rien ressenti de tel.

Six minutes plus tard, Kylian inscrit le but de la victoire, 4-1 ! Les trente minutes suivantes s'écoulent lentement. Mario Mandžukić rattrape son erreur du début de match en surprenant Hugo Lloris, mais cela ne suffit pas. France 4 – Croatie 2. Les Français sont champions du monde 2018 !

*Allez les Bleus! Allez les Bleus! Allez les Bleus!*

Paul a réalisé son rêve – il a remporté la Coupe du monde. Il court tout autour du terrain, serre ses coéquipiers dans ses bras et leur tape dans les mains. Quelle équipe ! Il n'en revient pas lui-même.

Arrive l'heure de la remise des trophées. Paul reçoit sa médaille en or, puis il rejoint les autres sur le podium. Mais il n'est pas du genre à se cacher derrière ses coéquipiers. Alors que leur capitaine, Hugo Lloris, soulève la Coupe du monde, Paul est assis au premier rang, les bras en l'air.

*On est les champions, on est les champions, on est, on est, on est les champions!*

Paul est impatient de fêter cette incroyable victoire, mais il veut d'abord soulever la plus prestigieuse de toutes les coupes. Wow, c'est si bon qu'il ne veut plus la lâcher ! Il fait un dab pour tous ses abonnés sur les réseaux sociaux, puis il serre la coupe dans ses bras pour l'embrasser. Quelle nuit ! Paul marche sur les traces de Zidane ; il fait désormais partie du panthéon des superstars du football français.

Tourne la page pour découvrir
un extrait exclusif d'une autre histoire
de footballeur fascinante,
racontée par Matt et Tom Oldfield...

CRISTIANO RONALDO

Chapitre 1

# TRIOMPHE EUROPÉEN

Cristiano a déjà remporté tant de trophées au cours de sa carrière : une Liga, deux Coupes d'Espagne, trois Coupes d'Angleterre, trois Premier Leagues, trois Ligues des champions, sans compter ses trois ballons d'or ! Pourtant, il a toujours l'impression que ce n'est pas assez… Ce qui manque à son palmarès, c'est une victoire sur la scène internationale avec l'équipe du Portugal.

Le 10 juillet 2016, il n'est plus qu'à quatre-vingt-dix minutes de réaliser ce rêve. Grâce à son assurance inébranlable et à ses innombrables buts, Cristiano a mené son équipe de victoire en victoire, jusqu'à la finale de l'Euro 2016. Ce soir, c'est au stade de France que le Portugal va affronter les Bleus sur leur propre terrain et se mesurer à des joueurs exceptionnels, tels Paul Pogba, Kylian Mbappé et Antoine Griezmann.

Rares étaient ceux qui croyaient les Portugais capables d'aller aussi loin dans la compétition, mais ils ont avec eux Cristiano – l'un des meilleurs joueurs au monde –, qui est plus que jamais déterminé à gagner.

Après le discours du coach, Fernando Santos, dans les vestiaires, il est temps pour les joueurs les plus expérimentés de prendre la parole. D'abord Nani, puis Cristiano :

– On a tellement bien joué jusque-là ! les félicite le capitaine. Plus qu'une victoire, et on entre dans l'histoire ! On va rentrer chez nous en héros !

Toute l'équipe lui répond par une ovation. Ensemble, ils pourraient bien devenir champions d'Europe.

Pendant l'hymne national portugais, Cristiano se tient debout, les yeux fermés. Il ne marmonne pas les paroles, non ; il les chante à tue-tête ! Il aime son pays du fond du cœur, et il veut faire honneur à ses compatriotes sur le terrain.

Après sept minutes de jeu, Cristiano récupère la balle, quelques mètres au-delà de la ligne médiane, dans la moitié de terrain française. Alors qu'il se tourne pour se mettre face au but, Dimitri Payet le percute. Faute ! Le jeu continue, mais Cristiano, à terre, ne se relève pas. Il se tient le genou en hurlant de douleur.

Aïïïe !

La douleur le fait grimacer. Les soigneurs vaporisent un antiseptique sur la plaie et appliquent une poche de glace sur son genou. La blessure n'est pas jolie. Cristiano porte les mains au visage pour dissimuler ses larmes.

Dimitri vient le voir pour s'excuser de son tacle maladroit, mais Cristiano est trop furieux pour répondre. Finalement, il parvient à se relever et quitte le terrain en boitant. Sur la ligne de touche, il s'étire pour évaluer l'état de sa jambe. Il souffre, mais il ne veut pas laisser sa place.

– Tu es sûr ? s'inquiète João Mário en le voyant revenir sur le terrain.

– Il faut au moins que j'essaie ! insiste Cristiano.

Mais, une minute plus tard, il s'effondre à nouveau. Alors que son grand jour était enfin arrivé, Cristiano a tellement mal qu'il ne peut continuer. Il secoue la tête, incrédule après un tel coup du sort.

– Demande à sortir, lui glisse Nani à l'oreille en le serrant chaleureusement dans ses bras. Je te promets qu'on va te faire honneur, capitaine !

Pourtant, Cristiano n'est pas encore prêt à lâcher l'affaire. Dès que les médecins ont fini de lui bander le genou, il revient à la charge. Mais après quelques foulées, il doit se rendre à l'évidence : il ne peut plus jouer. Résigné, il fait signe aux remplaçants.

– Il faut que quelqu'un prenne ma place.

D'un geste, il arrache son brassard de capitaine, puis l'attache au bras de Nani.

– Il est à toi. Maintenant, gagne-nous cette finale !

– On va la gagner pour toi ! lui lance Pepe.

Tandis qu'on l'évacue sur un brancard, Cristiano ne peut rien faire d'autre que de pleurer toutes les larmes de son corps. Le match le plus important de sa vie est terminé pour lui, avant même d'avoir réellement commencé.

À la mi-temps, le score est de 0-0, et Cristiano attend ses camarades dans les vestiaires, pour les encourager.

– Ne vous dispersez pas et continuez de vous battre à fond ! leur recommande-t-il.

Tout au long de la seconde mi-temps, il les observe depuis le banc, en se rongeant les ongles jusqu'au sang. Dans son esprit, il s'imagine frapper tous les ballons de son équipe. À chaque fois que le Portugal est sur le point de marquer, il se lève, prêt à célébrer le but. Lorsque Éder, l'attaquant, est appelé pour remplacer Sanches, Cristiano le regarde droit dans les yeux et lui dit :

– Sois fort. C'est toi qui vas marquer le but décisif.

Pourtant, à la fin des quatre-vingt-dix minutes, le score est toujours vierge. Cristiano va voir ses camarades, épuisés, pour tenter de leur remonter le moral. C'est dur, pour lui, de ne pas pouvoir participer à cette finale, mais il compte bien apporter sa pierre à l'édifice.

À la cent neuvième minute, Éder récupère la balle, se débarrasse du défenseur français qui lui barrait la route, puis, d'un tir fulgurant, expédie le ballon dans l'angle inférieur de la cage adverse.

*Buuuuuuuuuuuuuuuuuuuuuuuuuuuuuuuuuuuuuuuu uuuuuuuut !!!*

Cristiano est ivre de joie ; au milieu de l'équipe portugaise en pleine célébration, il lève les bras au ciel en sautant sur place. La victoire est si proche, à présent !

Pendant les dix dernières minutes, il se tient aux côtés de Santos, tel un deuxième entraîneur, et boitille le long de la ligne de touche en hurlant des instructions à ses coéquipiers : « Accélère ! » « Reviens en défense ! » « Calme le jeu ! »

Lorsque le dernier coup de sifflet retentit, Ronaldo laisse échapper un cri de victoire tonitruant. Ses joues sont à nouveau baignées de larmes, mais celles-ci sont des larmes d'émotion. L'un après l'autre, il étreint ses camarades et les remercie chaleureusement.

– Merci à toi ! réplique Éder. Sans toi, je n'aurais jamais marqué ce but !

– Je t'avais bien dit qu'on y arriverait ! s'esclaffe Pepe.

Au comble du bonheur, Cristiano arrache son maillot et le lance dans la foule en délire. Il faut attendre qu'on lui en apporte un autre pour qu'il puisse accomplir son devoir de capitaine : soulever le trophée de l'Euro 2016 !

Il gravit lentement les marches des tribunes, en saluant au passage les fans et en claquant les paumes de main contre les leurs. Le trophée qu'on lui remet est orné de rubans verts et rouges, les couleurs du drapeau portugais. Cristiano le soulève au-dessus de sa tête, sous les hourras de son équipe. Après avoir embrassé la coupe, il la passe aux autres. Aucun mot ne pourrait suffire à décrire la joie qui l'envahit à cet instant.

Car si c'est avec Manchester United et le Real Madrid qu'il a atteint le statut de superstar, Cristiano n'a pas oublié que son incroyable ascension jusqu'au sommet des palmarès footballistiques a débuté au Portugal, sur l'île de Madère, d'où il est originaire. D'une certaine façon, cette victoire à l'Euro 2016 est une manière pour lui de remercier son pays pour toutes ces années de jeunesse, même si elles n'ont pas toujours été faciles.

Mais après tout, si sa vie avait commencé dans de meilleures conditions, peut-être Cristiano n'aurait-il pas eu cette insatiable soif de victoire. Et sans ce désir brûlant d'être le meilleur, peut-être son don particulier ne l'aurait-il jamais propulsé jusqu'à la gloire.

# TABLE DES MATIÈRES

# REMERCIEMENTS

Tout d'abord, je tiens à remercier les éditions John Blake Publishing – et mon éditeur James Hodgkinson en particulier – pour m'avoir donné l'opportunité de travailler sur ces ouvrages et de m'avoir soutenu tout au long de leur écriture. Rédiger des histoires à l'intention de la prochaine génération de fans de football a été à la fois un honneur et un plaisir.

Jamais je n'y serais arrivé sans mon frère, Tom, à qui je dois tant. Je lui suis incroyablement reconnaissant d'avoir toujours cru en mes capacités d'auteur. J'ai l'impression d'être Robin, qui commence une carrière solo après avoir travaillé en équipe avec Batman. Et quelle équipe !

J'espère lui faire honneur (à Tom, pas à Batman) avec cette nouvelle série de livres.

Je voudrais aussi remercier mes amis, dont la présence m'a aidé à ne pas devenir fou lors des longues heures passées rivé à mon ordinateur : Pang, Will, Mills, Doug, John, Charlie, c'était toujours un plaisir de vous recevoir lorsque vous passiez prendre un café et échanger quelques blagues.

Bien que j'aie déjà remercié mon frère, je pense qu'il est nécessaire de m'adresser au reste de notre famille. Merci à tous, en particulier à Melissa, à Noah et, bien sûr, à papa et à maman. C'est à mes parents que je dois mes plus grandes passions : le football et les livres. Ils resteront toujours une inspiration primordiale dans tout ce que j'accomplis.

Et puis, en fin de compte, je n'aurais rien pu faire de tout cela sans les encouragements et la patience d'Iona, pendant ces longs week-ends où je ne faisais que travailler. Je t'exprime tout mon amour.

# POGBA

**6**

**Nom :** Paul Labile Pogba
**Date de naissance :** 15 mars 1993
**Âge :** 24 ans
**Lieu de naissance :** Roissy-en-Brie
**Nationalité :** française
**Meilleure amie :** sa mère, « Mamso ».
**Club actuel :** Manchester United
**Position :** milieu de terrain

| | |
|---|---|
| Taille (cm) : | **191** |
| Apparitions en club : | **236** |
| Buts en club : | **75** |
| Trophées en club : | **12** |
| Apparitions internationales : | **67** |
| Buts internationaux : | **10** |
| Trophées internationaux : | **1** |
| Ballons d'or : | **0** |

★ ★ ★ **Score de superstar : 87** ★ ★ ★

# PALMARÈS DE PAUL POGBA

## Juventus

- Deuxième division : 2009-2010
- Champion d'Italie : 2012-2013, 2013-2014, 2014-2015, 2015-2016
- Supercoupe d'Italie : 2013, 2015
- Coupe d'Italie : 2014-2015, 2015-2016
- Finaliste de la Ligue des champions : 2014-2015

## Manchester

- Vainqueur de la Ligue Europa : 2017
- Coupe de la Ligue : 2017
- Finaliste de la Supercoupe de l'UEFA : 2018
- Finaliste de la Coupe d'Angleterre : 2018

## France

- Vainqueur de la Coupe du monde des moins de 20 ans : 2013
- Finaliste du championnat d'Europe : 2016
- Vainqueur de la Coupe du monde : 2018

## Individuel

- Coupe du monde des moins de 20 ans de la FIFA : Ballon d'or 2013
- Golden Boy : 2013
- Meilleur jeune joueur de la Coupe du monde : 2014
- Membre de l'équipe de l'année : 2015
- Membre du FIFA FIFPro World XI : 2015
- Co-meilleur passeur de Serie A : 2016
- Membre de l'équipe-type de la Ligue Europa et meilleur joueur de l'édition : 2017
- Membre de l'équipe-type de Premier League : 2019

# LES PLUS GRANDS MOMENTS

***Tu veux revivre les plus grands moments de Paul Pogba, revoir ses plus belles actions? Cherche sur Internet des extraits vidéo de ces matchs : tu vas en prendre plein la vue!***

## 10 AVRIL 2011
## CHELSEA 3-2 MANCHESTER UNITED

Manchester United a perdu le match aller de la demi-finale de la FA Youth Cup, mais le coup de tête puissant de Paul sur un centre de Jesse Lingard entretient l'espoir pour le match retour. Manchester United l'emporte 4-0 et bat ensuite Sheffield United en finale. Paul et Jesse sont à l'époque des superstars en devenir.

## 20 OCTOBRE 2012
## JUVENTUS 2-0 NAPOLI

Après avoir quitté l'Angleterre pour l'Italie, Paul commence à jouer régulièrement en équipe première. Il marque son premier but pour la Juventus en Serie A contre Naples, et quel but ! Sa volée du pied gauche à vint-cinq mètres des cages le fait immédiatement entrer dans le cœur des fans. Soudain, partir de Manchester United semble être la meilleure décision que Paul ait jamais prise.

## 13 JUILLET 2013
### FRANCE 0-0 URUGUAY (4-1 AUX PENALTYS)

Paul est le capitaine de la sélection française lors de la Coupe du monde des moins de 20 ans en 2013 en Turquie. Depuis le milieu de terrain, il a mené son équipe à la victoire. En finale contre l'Uruguay, Paul reste concentré et marque le premier penalty de la séance. En plus de soulever le trophée, il remporte également le Ballon d'or en tant que meilleur joueur du tournoi.

## 30 JUIN 2014
## FRANCE 2-0 NIGERIA

La Coupe du monde 2014 au Brésil est le premier grand tournoi international senior auquel Paul participe. En huitième de finale contre le Nigeria, le score est de 0-0 à quinze minutes du terme. Un corner de Mathieu Valbuena au second poteau arrive sur Paul qui, d'un coup de tête habile, donne l'avantage à la France. Les Bleus se qualifient pour les quarts de finale, et Paul est le héros du jour.

## 24 SEPTEMBRE 2016
## MANCHESTER UNITED 4-1 LEICESTER

Après son retour fracassant à Old Trafford pour un montant de 105 millions d'euros, Paul est sous pression. Contre le champion de Premier League, Leicester City, il dirige le jeu des Mancuniens depuis le milieu de terrain. Après avoir participé à la construction des trois premiers buts, il marque lui-même le quatrième sur corner, d'une tête inspirée. C'est son tout premier but pour United.

# JOUE COMME TON HÉROS

## LES FRAPPES LOINTAINES FAÇON « POGBOOM »

**ÉTAPE 1 :** Avance depuis le milieu de terrain, en cherchant à te mettre dans les meilleures conditions pour recevoir le ballon.

**ÉTAPE 2 :** Si la balle vient à toi à ras de terre, contrôle-la en une touche et arme ta frappe.

**ÉTAPE 3 :** Tire ensuite aussi vite que possible, avant que les défenseurs et le gardien de but n'aient le temps de réagir.

**ÉTAPE 4 :** Mets le maximum de puissance en frappant avec le cou-de-pied dans la lucarne. Le gardien n'aura aucune chance de l'arrêter.

**ÉTAPE 5 :** Si la balle arrive en l'air, pas de problème. Reprends-la de volée, sans contrôle. Cela demande de l'entraînement, mais l'effet est garanti.

# ÉVALUE TES CONNAISSANCES

1. Quels sont les surnoms des membres de la famille Pogba ?
2. Quel joueur est devenu le héros de Paul après la Coupe du monde 1998 ?
3. Quel est le joueur préféré de Paul dans le championnat de France entre 2001 et 2003 ?
4. Pour combien de clubs Paul a-t-il joué en France ?
5. Quel âge avait Paul quand il a déménagé à Manchester United ?
6. Quel autre joueur actuel de Manchester United faisait partie de l'équipe des jeunes avec Paul de 2009 à 2011 ?

**7.** Quel footballeur a joué aux côtés de Paul pour Manchester United, la Juventus et la France ?

**8.** Nommez les deux milieux de terrain centraux superstars avec qui Paul a beaucoup appris à l'entraînement.

**9.** Paul a reçu un carton rouge pour son premier match avec l'équipe de France. Vrai ou faux ?

**10.** Qui aimait faire le dab avec Paul à la Juventus ?

**11.** Combien de numéros différents Paul a-t-il portés pour Manchester United et la Juventus ?

**Réponses ci-dessous... Ne triche pas !**

*1. Leur maman s'appelle « Mamso », Mathias est « Le Dos », Florentin est « Ya'Flo » et Paul est « La Pioche ». 2. Zinédine Zidane 3. Ronaldinho. 4. Trois - US Roissy, US Torcy et Le Havre. 5. 16 ans. 6. Jesse Lingard. 7. Patrice Evra. 8. Paul Scholes à Manchester United et Andrea Pirlo à la Juventus. 9. Faux - il a reçu un carton rouge lors du deuxième match, contre l'Espagne. 10. Paulo Dybala. 11. Trois - le 42 à Manchester United, le 10 à la Juventus et le 6 pour la Juventus et Manchester United.*

# COLLECTIONNE TOUTES LES SUPERSTARS DU FOOT !

# À PARAÎTRE EN 2020

- Eden Hazard (mars)
- N'Golo Kanté (juin)

*Suivi éditorial et composition : Antartik*
*Impression : Black Print en novembre 2019*
*Éditions Albin Michel*
*22, rue Huyguens, 75014 Paris*
*www.albin-michel.fr*
*ISBN : 978-2-226-44799-9*
*N° d'édition : 23832/01*
*Dépôt légal : janvier 2020*
*Loi n° 49 -956 du 16 juillet 1949*
*sur les publications destinées à la jeunesse.*
*Imprimé en Espagne*